Exklusive Angebote

Markus Schiefer Ferrari

Exklusive Angebote

Biblische Heilungsgeschichten inklusiv gelesen

Matthias Grünewald Verlag

VERLAGSGRUPPE PATMOS

PATMOS
ESCHBACH
GRÜNEWALD
THORBECKE
SCHWABEN

Die Verlagsgruppe
mit Sinn für das Leben

Für die Verlagsgruppe Patmos ist Nachhaltigkeit ein wichtiger Maßstab ihres Handelns. Wir achten daher auf den Einsatz umweltschonender Ressourcen und Materialien.

Bibliografische Information der Deutschen Nationalbibliothek
Die Deutsche Nationalbibliothek verzeichnet diese Publikation in der Deutschen Nationalbibliografie; detaillierte bibliografische Daten sind im Internet über http://dnb.d-nb.de abrufbar.

www.gruenewaldverlag.de

Umschlaggestaltung: Finken & Bumiller, Stuttgart
Umschlagabbildung: © iStock / Jacob Ammentorp Lund
Satz: Schwabenverlag AG, Ostfildern
Druck: CPI books GmbH, Leck
Hergestellt in Deutschland
ISBN 978-3-7867-3120-7

Inhalt

Vorwort

Biblische Heilungsgeschichten erzählen – wie andere Wundergeschichten auch – von schier unglaublichen Ereignissen und wollen damit bei den LeserInnen Hoffnung auf eine bessere Zukunft wecken. Die Heilungswunder Jesu lassen den Anbruch der messianischen Heilszeit gegenwärtig werden (Mt 11,5), wie er in prophetischen Visionen des Ersten Testaments (Jes 35,5f.) angekündigt wird: »Dann werden die Augen der Blinden aufgetan / und die Ohren der Tauben werden geöffnet. Dann springt der Lahme wie ein Hirsch / und die Zunge des Stummen frohlockt.« Indem solche Erzählungen Alltagserfahrungen durchbrechen und am Realitätssinn geschulte Erwartungen überbieten, eröffnen sie narrativ auch für LeserInnen heute ›exklusive Angebote‹ und ›wunderbare Aussichten‹.

Unausgesprochen werden mit Hoffnungsbildern aber auch Vorstellungen davon transportiert, was im Allgemeinen als normal und wünschenswert angesehen wird. Wenn die Heilungen Jesu Zeichen für Befreiung und Neubeginn sind, verweisen Krankheit und Behinderung umgekehrt auf einen Zustand, den es zu überwinden gilt. Insofern erweisen sich biblische Heilungsgeschichten als exklusiv, weil sie für die Zukunft nicht eine Teilhabe aller Menschen – unabhängig von körperlichen, seelischen oder geistigen Voraussetzungen – erhoffen lassen.

Die Frage, ob biblische Heilungsgeschichten auch heute noch Hoffnungsgeschichten sein können oder eher zur Provokation führen, stellt sich vor allem in Kontexten, in denen Menschen mit und ohne Behinderung gemeinsam diese Erzählungen lesen und sich um lebensrelevante Deutungen bemühen, beispielsweise in Kirchengemeinden und in Schulen. Daher wendet sich das Buch an all diejenigen, die auch in der Auseinandersetzung mit der biblischen Heilsbotschaft einem heutigen inklusiven Anspruch gerecht werden wollen, also an Studierende sowie ReligionlehrerInnen und pastorale MitarbeiterInnen, ebenso aber auch an alle exegetisch-theologisch Interessierten.

Mein Dank für dieses Buch gilt vor allem meinen Studierenden, die zum großen Teil Theologie für das Lehramt studieren, insbesondere auch für die Förderschule. Ihre überraschenden Nachfragen und die engagierte Suche nach möglichen Antworten haben mich zu manchen Aufsätzen und Vorträgen angeregt, lassen mich aber zugleich immer wieder die

Vorläufigkeit eigener Erklärungs- und Interpretationsversuche erkennen; ein Prozess, der auch mit der Bündelung denkbarer Ansätze in diesem Buch nicht abgeschlossen sein wird.

Für die Idee zu diesem Buch und die professionelle Umsetzung bedanke ich mich herzlich bei Frau Claudia Lueg und Herrn Volker Sühs vom Matthias Grünewald Verlag, für die kollegiale und sehr hilfreiche Unterstützung an der Universität Koblenz-Landau bei Frau Judith Distelrath und Frau Marie-Christin Bünzel.

Besonders bedanken darf ich mich schließlich bei Herrn Dr. Wolfgang Grünstäudl von der Universität Wuppertal für die gemeinsamen Projekte und den kritischen Fachdialog zu einem Thema, das uns seit vielen Jahren miteinander verbindet und herausfordert, weil es, wie im Folgenden zu sehen sein wird, offenbar keine einfachen Lösungen zulässt: die Spannung zwischen der in biblischen Heilungsgeschichten erzählten Hoffnung auf Veränderung der Welt einerseits und der in der Gegenwart vorgetragenen Forderung nach voller Teilhabe aller Menschen an allen Aspekten des Lebens andererseits.

Markus Schiefer Ferrari

1. Bibel und Behinderung – Deutung und Differenz

Biblische Erzählungen über eine paradiesische Urzeit und eine ebenso himmlische Endzeit haben unsere Vorstellungen von einer schönen, heilen Welt entscheidend mitgeprägt. In endzeitlichen Visionen spiegeln sich oftmals Bilder eines paradiesischen Anfangs, wenn beispielsweise im letzten Buch der Bibel, der Offenbarung des Johannes, den ›Siegern‹ – mit Bezug zur zweiten Schöpfungserzählung im Buch Genesis – verheißen wird, dass sie »vom Baum des Lebens, der im Paradies Gottes steht«, zu essen bekommen werden (Offb 2,7; vgl. Gen 2,9). Zugleich dient aber die Erzählung vom Paradies in Verknüpfung mit der sogenannten Sündenfallgeschichte auch dazu, alles, was nicht dieser ursprünglichen Vollkommenheit zu entsprechen scheint, als Folge der Grenzüberschreitung des Menschen, wie Gott sein zu wollen (Gen 3,5.22), zu deuten.

Dazu ein konkretes Beispiel: Um den Begriff des Heils einzuführen, wird beim ›Theologisieren mit Kindern‹, einem religionsdidaktischen Konzept, um mit Kindern ins Gespräch über die großen Fragen nach dem Woher und Wohin des Lebens zu kommen, empfohlen, bei der paradiesischen Vorgeschichte anzusetzen. Diese könne als Alternativfolie dienen, da sie narrativ »die Allgegenwart von Krankheit und Tod durch unsere sündhafte, d.h. von Gott getrennte, Existenz« erkläre. Jesus durchbreche in den Evangelien hingegen »diese Mechanismen der sündigen Welt zumindest für Momente« und seine Heilungen und Totenerweckungen seien »bewusst gesetzte Zeichen einer ›paradiesischen‹ Alternativwelt, die in seiner Diktion ›Reich Gottes‹« genannt würde. Die Kinder könnten sich auf diese Weise das semantische Feld des Wortes ›Heil‹ erschließen, das »die Heil schaffende Kraft Gottes bzw. Jesu als ›heilig‹« einschließe und »auf der anderen Seite ›Heilungen‹« ermögliche. Theologisch gesehen sei »das stimmig und originell zugleich«.[1]

Der heilen Welt des Paradieses bzw. des Reiches Gottes wird eine sündhafte Welt gegenübergestellt, die geprägt ist durch das ständige Vorhandensein von Krankheit und Tod und die nur vorübergehend durch die Heilungen Jesu durchbrochen wird. Da sich die Heilungen Jesu – zumindest aus heutiger Sicht – weniger auf Krankheiten als auf verschiedene Formen der Behinderung, wie etwa Blindheit, Taubheit oder Lähmung, beziehen, gehören im Sinne einer solchen Argumentation, wenn auch unausgesprochen, ebenso Menschen mit Behinderung zu dieser Welt der Unvollkommenheit. Entsprechend der Metaphorik einer solchen theologischen Anthropologie müssten dann umgekehrt Menschen ohne Krankheit und Behinderung näher an der erhofften heilen Welt sein. Ungewollt und unbewusst erweist sich so das umfassende Heilsangebot Gottes als exklusiv, nicht weil es etwa die Besonderheit des Anspruches oder der Erwartungen hervorheben will, sondern weil Menschen mit Behinderung – zumindest metaphorisch – in besonderer Weise mit der sündhaften Welt verbunden und von der heilen Welt ausgeschlossen erscheinen.

Spätestens hier wird sich bei manchen LeserInnen Widerspruch gegen derartige Überlegungen regen, da in der Theologie doch uneingeschränkter Konsens darüber bestehen dürfte, dass die gesamte Schöpfung erlösungsbedürftig ist (Röm 8,19–22) und Menschen mit Behinderung ebenso wie Menschen ohne Behinderung einst Anteil am universalen Heil Gottes haben werden. Weiterführende Überlegungen, wie wir uns diese himmlische Zukunft konkret vorstellen können, ob etwa Menschen mit Behinderung als Geheilte oder mit ihrer ursprünglichen Behinderung auferstehen werden, dürften sich damit erübrigen. So konzipiert die eschatologische Hermeneutik die Auferstehung der Toten als »ein geschichtssprengendes u. jede Anschaulichkeit transzendierendes, in das Geheimnis Gottes weisendes Ereignis«[2]. In diesem Kontext ist aber eben auch zu berücksichtigen, dass biblische Erzählungen nicht als systematisch-theologische Aussagen zu verstehen sind, sondern zunächst als Kondensate menschlicher Erfahrungen mit Gott und der Welt, auch wenn sie in der Folge theologische Anthropologien teilweise nachhaltig geprägt haben. Beispielsweise beinhalten biblische Darstellungen Gottes mittels männlich oder weiblich konnotierter Metaphern angesichts seiner Transzendenz keine Antwort auf die Frage, ob Gott Mann oder Frau ist, verweisen aber durchaus auf dahinterstehende Menschenbilder und haben im Laufe der (Kirchen-)Geschichte Vorstellungen von der unterschiedlichen Bedeutung der beiden Geschlechter erheblich mitbestimmt. Ebenso wenig zielt die Frage nach der Form der Teilhabe von Menschen mit Behinderung am ewigen Leben auf die Konkretisierung eschatologisch-soteriologischer Grundannahmen. Vielmehr geht es darum, aufzudecken, welches Menschenbild damit verbunden ist, also um die Beantwortung der Frage, ob Behinderung als Defizit eingeschätzt wird, das es zu überwinden gilt, oder ganz im Gegenteil als Teil der je eigenen Persönlichkeit, dessen Bedeutung nicht von außen zu beurteilen ist.

Angesichts der Ende 2006 beschlossenen und 2008 in Kraft getretenen UN-Behindertenrechtskonvention (UN-BRK)[3] und der dort geforderten »Achtung vor der Unterschiedlichkeit von Menschen mit Behinderungen« und der »Akzeptanz dieser Menschen als Teil der menschlichen Vielfalt und der Menschheit« (Art. 3 Buchstabe d) sowie ihrer »volle[n] Teilhabe an allen Aspekten des Lebens« (Art. 26 Abs. 1) sollte die hier benannte Problemstellung eigentlich längst als obsolet gelten. Wie die folgenden Beispiele insbesondere zu biblischen Heilungsgeschichten, aber auch zu anderen Texten der Bibel, in denen die Rede von Menschen mit Einschränkungen ist, zeigen werden, bleiben Interpretationen aber zumeist erheblich hinter einem solchen inklusiven Anspruch zurück und es dürfte noch ein langer Weg bis zu dem Punkt sein, an dem die in Bezug auf Behinderung und zukünftiges Heil gestellten Fragen ähnlich abstrus erscheinen mögen wie heute die zur Zeit der Kirchenväter diskutierte Frage, ob das weibliche Geschlecht ein natürlicher Defekt sei und Frauen daher vor ihrer Auferstehung in Männer verwandelt werden müssten, um Anteil am ewigen Leben haben zu können.[4]

Um biblische Texte in diesem Deutungshorizont betrachten zu können, ist zumindest noch eine grundsätzliche Frage anzusprechen. Zum einen ist nämlich keineswegs klar, was heute unter Behinderung eigentlich genau zu verstehen ist, und zum anderen finden sich in der Antike zwar Benennungen für verschiedene Behinderungsformen, aber kein Sammelbegriff für das Phänomen Behinderung.[5] Damit stellt sich zwangsläufig die Frage, ob Behinderung überhaupt als hermeneutische Leitkategorie für die Lektüre und Interpretation biblischer Texte dienen kann.

So betont beispielsweise die UN-Behindertenrechtskonvention in der Präambel, dass »das Verständnis von Behinderung sich ständig weiterentwickelt und dass Behinderung aus der Wechselwirkung zwischen Menschen mit Beeinträchtigungen und einstellungs- und umweltbedingten Barrieren entsteht« (Präambel Buchstabe f). Zu den Menschen mit Behinderungen zählen nach der UN-BRK »Menschen, die langfristige körperliche, seelische, geistige oder Sinnesbeeinträchtigungen haben, welche sie in Wechselwirkung mit verschiedenen Barrieren an der vollen, wirksamen und gleichberechtigten Teilhabe an der Gesellschaft hindern können« (Art. 1). Zudem weist die Weltgesundheitsorganisation auf ihrer Homepage einleitend zum Vertragstext darauf hin, dass es sich bei *disability* um einen Begriff handle, der sich von Gesellschaft zu Gesellschaft verändern könne und der nicht als Krankheit zu verstehen sei. Die Konvention sei außerdem nicht auf die genannten Gruppen zu begrenzen, sondern könne ebenso auf andere Menschen, etwa mit kurzfristigen Einschränkungen, bezogen werden.[6]

Es braucht kaum erläutert zu werden, dass ein so offener und dynamischer Behinderungsbegriff der Gegenwart nicht einfach auf antike bzw. biblische Texte zu übertragen ist. Es fehlen nicht nur vergleichbare Begriffsfelder, sondern zugleich sind Deutungen körperlicher und geistiger Einschränkungen offenbar kultur- und damit auch zeitabhängig und können sich daher wesentlich voreinander unterscheiden. Fokussiert man sich in der Moderne beispielsweise eher auf eine damit verbundene Arbeitsunfähigkeit, nehmen antike Konzepte dagegen stärker die von solchen Abweichungen gezeichneten Körper in den Blick.[7]

Auch wenn die UN-BRK bewusst eine Definition von Behinderung vermeidet, weil diese erneut zu Ab- und Ausgrenzungen führen würde, heißt das keineswegs, dass deswegen nicht zu bestimmen wäre, was unter einer »Diskriminierung aufgrund von Behinderung« zu verstehen ist. Sie stellt laut UN-BRK »eine Verletzung der Würde und des Wertes [...], die jedem Menschen innewohnen«, dar (Präambel Buchstabe h) und meint »jede Unterscheidung, Ausschließung oder Beschränkung aufgrund von Behinderung, die zum Ziel oder zur Folge hat, dass das auf die Gleichberechtigung mit anderen gegründete Anerkennen, Genießen oder Ausüben aller Menschenrechte und Grundfreiheiten im politischen, wirtschaftlichen, sozialen, kulturellen, bürgerlichen oder jedem anderen Bereich beeinträchtigt oder vereitelt wird« (Art. 2).

Aufgrund der jahrhundertelangen Rezeption und der kulturprägenden Kraft der Bibel liegt es nahe, danach zu fragen, inwieweit auch biblische Texte und ihre Interpretation zur Entstehung von Differenzmerkmalen und dadurch indirekt oder direkt zur Unterscheidung und schließlich zur Diskriminierung von Menschen aufgrund von Behinderung beigetragen haben bzw. immer noch beitragen. Vorrangiges Ziel dieses Buches ist es also nicht, dem Phänomen Behinderung oder möglichen analogen Vorstellungen in der Bibel nachzuspüren. Vielmehr sollen literarische Repräsentationsformen von Behinderung in biblischen Texten kritisch daraufhin befragt werden, inwieweit sie Anteil haben könnten an der Hervorbringung normativer und damit exklusiver Vorstellungen im abendländischen Denken.

Im Folgenden wird es daher einerseits um die Auseinandersetzung mit ausgewählten Heilungserzählungen gehen, wie etwa der Heilung des Gelähmten in Mk 2 oder der Heilung eines Wassersüchtigen im Kontext der Forderung Jesu in Lk 14, zu einem Gastmahl vor allem Menschen mit Einschränkungen einzuladen. Andererseits soll aber vor allem die Frage weiter vertieft werden, wie biblische Texte unter einem inklusiven Anspruch bzw. mittels einer dis/abilitykritischen Hermeneutik zu lesen sind. Um die Tragfähigkeit dieses Ansatzes auch für andere biblische Erzählungen überprüfen zu können, werden exemplarisch Texte behandelt, in denen verschiedene Behinderungsformen genannt werden, zum Beispiel die Erzählung von Mefi-Boschet, dem gelähmten Sohn Jonatans, in 2 Sam oder die Frage nach dem Zusammenhang zwischen Konflikten bei Mahlfeiern in der Gemeinde von Korinth und den Krankheiten und Behinderungen einzelner Gemeindemitglieder in 1 Kor 11. Mit Hilfe dieser dis/abilitykritischen Perspektive soll zudem die Rezeption von Heilungsgeschichten in der frühchristlichen Kunst betrachtet und schließlich auch die Frage erörtert werden, inwieweit heute biblische Heilungsgeschichten in einem inklusiven Religionsunterricht behandelt werden können. Bei all diesen Überlegungen sind immer auch eigene Normalitäts- und Vollkommenheitsvorstellungen zu hinterfragen, aber ebenso Konsequenzen für eine kirchliche Gemeinschaft zu bedenken.

2. *Wunderbare Aussichten*

Blinde können wieder sehen, Gelähmte gehen und Taube hören. Dämonen werden ausgetrieben. Essen gibt es im Überfluss, sogar für tausende Menschen. Sturmstillungen sind ebenso wenig ein Problem wie die Erweckung von Toten. Sind das nicht wunderbare Aussichten?! Zu schön, um wahr zu sein – zumindest für heutige BibelleserInnen?! Ein naturwissenschaftlich aufgeklärter Mensch wird kaum seine Schwierigkeiten mit den Wundererzählungen der Bibel verschweigen können. Zugleich drücken solche Geschichten für viele wohl doch eine tiefe Sehnsucht nach überraschenden Wendungen angesichts unausweichlich erscheinender Situationen aus. Sind sie für die einen Hoffnungs- und Glaubensgeschichten, werden sie für andere dagegen regelrecht zur Provokation, weil sie ein naives Weltbild aus Machbarkeitswahn und Vollkommenheitsklischees bedienen.

Wie ›funktionieren‹ Wundererzählungen? Warum können sie so unterschiedlich verstanden werden? Nach einer knappen Einführung in die Hermeneutik neutestamentlicher Wundererzählungen soll am Beispiel der »Speisung der Fünftausend« (Mk 6,30–44) insbesondere der Aspekt der weltverändernden Kraft erzählter Wunder entfaltet werden. Schlüssel für einen solchen Zugang ist eine Verschränkung der Zeiten: Aus paradiesischen Urbildern abgeleitete Endzeiterwartungen ›realisieren‹ sich bereits anfanghaft in Wundererzählungen und können auf diese Weise Zukunftshoffnungen in der Gegenwart der LeserInnen wecken. Allerdings hat bei einem solchen Ansatz, wie zu sehen sein wird, die gleichzeitige Wahrnehmung menschlicher Zerbrechlichkeit in der eigenen Gegenwart eine erheblich deutungsverändernde Wirkung vor allem für das Verständnis der in der Bibel erzählten wundersamen Heilungen.

2.1 *Wundererzählungen verstehen – Deutungshorizonte*

Die verschiedenen Auslegungswege zu neutestamentlichen Wundererzählungen lassen sich ebenso wie bei anderen biblischen Texten mit Hilfe literaturwissenschaftlicher Methoden unter drei Annäherungsperspektiven zusammenfassen: (1) die werkästhetische Perspektive, die bei der sprachlichen Gestalt des Textes ansetzt, (2) die produktionsästhetische Perspektive, die den Text als Produkt des Autors versteht und damit stärker den Entstehungskontext des Textes in den Blick nimmt, und schließlich (3) die rezeptionsästhetische Perspektive, die sich vor allem mit der Rolle der Leserin/des Lesers befasst.[8]

Der klassischen historisch-kritischen Exegese im 20. Jahrhundert ging es in erster Linie noch darum, die ursprüngliche Intention der biblischen Autoren und das Textverständnis ihrer AdressatInnen zu erfassen. Ein möglicher Gegenwartsbezug der Texte und die religiöse Applikation (Anwendung) in unterschiedlichen Kontexten der Glaubensgemeinschaft wurden bewusst der Praktischen Theologie überlassen.

Exegetische Zugänge im 21. Jahrhundert suchen dagegen sehr viel deutlicher nach Möglichkeiten einer Text- *und* LeserInnenorientierung. Werner Kahl plädiert beispielsweise für eine »doppelt-kontextuelle Bibelinterpretation«, die sowohl die Texte als auch die InterpretInnen in ihren jeweiligen kulturellen, sozio-ökonomischen und situativen Bezügen ernst nimmt. Ein solcher Ansatz kann sich nicht mit dem Verweis auf das antike Welt- und Wunderverständnis begnügen und sich auf die Vergleichbarkeit mit hellenistischen und jüdischen Magiern beschränken, um die Singularität und damit die besondere Bedeutung der Wunder Jesu erfassen zu können. Vielmehr ist nach möglichen Verstehenszugängen auch für LeserInnen in der Gegenwart zu suchen. Ziel einer Interpretation im Sinne der doppelten Kontextanalyse ist es aber auch nicht, die Texte nun umgekehrt in das eigene Referenzsystem einzuebnen und ihnen damit den Stachel ihrer Fremdheit zu nehmen.[9]

Wurden Wundererzählungen schon in der Bibel mehrfach überliefert und uminterpretiert, spiegeln sich ihre Vielfalt und Offenheit heute einmal mehr in verschiedensten Deutungshorizonten und einer Vielzahl unterschiedlicher Auslegungen. Nichtsdestotrotz gilt es ebenso die Begrenztheit eines jeden Interpretationsversuches zu beachten. Gerade das »Wechselspiel zwischen Unverständnis und Verständnis, zwischen Entzug und Zug, zwischen Verfügbarkeit und Heiligkeit« aber hält »den Puls der Hermeneutik der Wundererzählungen am Leben«.[10]

Ohne Zweifel kann die Lektüre neutestamentlicher Wundererzählungen faszinieren, aber eben auch irritieren oder sogar provozieren, weil damit zwangsläufig Fragen nach eigener Weltdeutung und Wahrheitsperspektive verbunden sind.[11] Die eigentliche Bedeutung der Wundererzählungen hängt nicht von – letztlich weder beweisbaren noch widerlegbaren

– historischen Bezügen ab. Umgekehrt sind sie auch nicht als bloße Metaphern in fiktiven Kontexten zu begreifen. Vielmehr werden sich Verstehenszugänge zwischen diesen beiden Polen bewegen müssen, ohne dabei einen der beiden aufzugeben oder überzubetonen.

2.2 Wundersame Brotvermehrung – Anspruch oder Einladung

Wie groß die Schwierigkeit ist, für eine neutestamentliche Wundererzählung eine Interpretation aufzuzeigen, die sowohl dem sozialgeschichtlichen und literarischen Entstehungskontext gerecht wird als auch für heutige LeserInnen ansprechend erscheint, lässt sich treffend am Beispiel der Brotvermehrung in Mk 6,30–44 verdeutlichen.[12]

Die Perikope erzählt eine zunächst aus heutiger Sicht durchaus nachvollziehbare Situation: Angesichts des ständigen Menschenandrangs suchen Jesus und seine Apostel nach einer einsamen Gegend, um wenigstens etwas Zeit zum Essen und Ausruhen zu finden. Allerdings wird allzu schnell bekannt, wohin sie sich zurückziehen wollen. So lehrt Jesus die Menschen dann doch, und zwar lange, und möchte ihnen zur späten Stunde auch etwas zu essen geben. Bald ist freilich klar, dass der Ort zu abgelegen ist und den Jüngern zweihundert Denare kaum genügen werden, um Brote für alle kaufen zu können. Schließlich reicht das bisschen Proviant, das die Jünger bei sich haben, völlig überraschend zur Sättigung der gesamten Menschenmenge. Es bleiben sogar noch erstaunlich viele Reste übrig: »Darauf nahm er [sc. Jesus] die fünf Brote und die zwei Fische, blickte zum Himmel auf, sprach den Lobpreis, brach die Brote und gab sie den Jüngern, damit sie diese an die Leute austeilten. Auch die zwei Fische ließ er unter allen verteilen. Und alle aßen und wurden satt. Und sie hoben Brocken auf, zwölf Körbe voll, und Reste von den Fischen. Es waren fünftausend Männer, die von den Broten gegessen hatten.« (Mk 6,41–44)

Um ihrer Leserschaft das Unglaubliche dieser Wundererzählung irgendwie verständlicher zu machen, spekulierten manche Exegeten im späten 18. und im 19. Jahrhundert, ob die Jünger nicht bereits vorher in nahe gelegenen Höhlen Brotdepots angelegt und sich dann daraus bedient haben könnten. Abgesehen davon, dass sich im Text keinerlei Hinweise für eine solche Annahme finden, interpretieren solche rationalistischen Deutungsmuster aber letztlich das Wunderhafte aus der Wundererzählung hinaus.[13]

Insbesondere im religionspädagogischen Kontext wird die Brotvermehrung in Mk 6 heute gerne als »Wunder gegenseitigen Teilens« gelesen. Dieses werde möglich, wenn die, die mehr als andere hätten, ihre Herzen und Taschen öffneten, zumal es angesichts eines liebenden Miteinanders und gemeinsamen Glücks ohnehin nicht viel brauche, um satt zu werden.[14] Auch wenn diese ethisierende Deutung im Sinne der Vermittelbarkeit verständlich erscheint, wird der Text zu einseitig in das mutmaßliche Bezugssystem der LeserInnen eingeordnet. Dazu kommt, dass ein solcher ethischer Anspruch automatisch die Frage nach seiner Realisierbarkeit und im Kontext einer Wundererzählung dann erst recht die Frage nach Realität und Wahrheit provozieren dürfte. Dagegen könnten gerade SchülerInnen mit Hilfe einer weniger übertriebenen Erzählung, die im eigenen Erfahrungsalltag angesiedelt ist, vermutlich eher die Forderung nach einem gerechten Ausgleich akzeptieren als mittels der moralisierenden Annahme, für eine wirkliche Gemeinschaft – selbst von Tausenden – würden bei der richtigen Einstellung auch ein paar Brote und Fische als sättigende Speise genügen.

Betrachtet man den Text genauer, entdeckt man zahlreiche intertextuelle Bezüge zum Ersten Testament und auch innerhalb des Markusevangeliums, die den Blick vor allem auf das in der Gegenwart anbrechende Gottesreich und, wenn überhaupt, nur in zweiter Linie auf eine soziale Schieflage lenken wollen. Wenn in Mk 6,34 betont wird, dass Jesus mit den Menschen Mitleid hat, weil sie wie Schafe sind, die keinen Hirten haben (vgl. Num 27,17; Ez 34), knüpft dies an die unmittelbar vorausgehende Erzählung von der Hinrichtung Johannes des Täufers (Mk 6,14–29) an. Jesus tritt gleichsam seine Nachfolge an und ist nun Hirte für die verlorenen Schafe (vgl. Joh 10,1.14). Auch das Hirtenmotiv aus Ps 23,1f. (»Der HERR ist mein Hirt, nichts wird mir fehlen. Er lässt mich lagern auf grünen Auen und führt mich zum Ruheplatz am Wasser.«) klingt an, wenn Jesus die Leute auffordert, sich ins grüne Gras zu setzen (Mk 6,39). Ähnlich wie in Ex 18,21.25 bilden diese nach Mk 6,40 »Gruppen zu hundert und zu fünfzig«. Unterstrichen wird der Bezug zum Exodus des Volkes Israel noch durch die Zwölfzahl in Mk 6,43, die zudem auf die Vollständigkeit verweist. Besonders auffällig sind die deutlichen Parallelen zum Speisungswunder des Elisa in 2 Kön 4,42–44 und beim Brechen der Brote in Mk 6,41 die fast wörtliche Einspielung der Worte Jesu beim letzten Abendmahl in Mk 14,22a.

Entscheidend in einem solchen Verweiszusammenhang ist nicht die Frage nach der Historizität dieser Mahlszene Jesu mit einer großen Menschenmenge. Dem Erzähler des Markusevangeliums geht es »nicht um Jesus als Wundertäter, sondern um die in seinem Wirken sichtbar und erfahrbar werdende Nähe der Gottesherrschaft«[15]. Exemplarisch wird deutlich, dass Wundergeschichten eine erzählende Einladung sind, »sich selbst auf eine Wirklichkeit einzulassen, die sich nicht in den Raum- und Zeitdimensionen kausaler Weltkonstanten und materieller Gegenständlichkeit erschöpft, sondern die die Tiefendimensionen und den Sinn menschlicher Existenz glaubend, d.h. auf Gottes Verheißung vertrauend, erschließt«[16]. Fragt man nach der Vermittelbarkeit eines solchen, gewiss in sich stimmigen, textorientierten Ansatzes insbesondere im schulischen Kontext der Primar- oder Sekundarstufe I, dürften selbstverständlich ebenso Zweifel bleiben, wie umgekehrt bei der Frage nach den Textbezügen bei einem leser- bzw. schülerorientierten Zugang. Mittels einer narrativen Analyse hingegen gelingt es, wie im nächsten Abschnitt zu sehen sein wird, wesentlich besser, die erzählte Zeit des Textes und die Gegenwart und Zukunft der LeserInnen aufeinander zu beziehen. Allerdings hat auch dieser Deutungsweg seinen Preis, und zwar einen nicht unerheblichen.

2.3 Paradiesischer Überfluss – Verschränkung der Zeiten

Abgesehen vom Unterhaltungswert ist mit dem Erzählen von Geschichten im Allgemeinen ein tieferes Anliegen verbunden. Ein harmloser Gedankenaustausch in einem Peanuts-Comic zwischen Charlie Brown und seinem Freund Linus über gestern, heute und morgen – mit einer wunderbar verqueren Schlusssentenz – bringt den spezifischen Anspruch einer guten Erzählung indirekt auf den Punkt: Linus: »Ich glaube, es ist verkehrt, sich über den morgigen Tag zu sorgen. Vielleicht sollten wir nur an heute denken.« Charlie Brown: »Nein, das würde Resignation bedeuten. Ich hoffe immer noch, daß Gestern besser wird.«[17]

Auch beim Erzählen erwächst aus dem besseren Gestern Hoffnung für heute und morgen. Eigentlich geht es dabei weniger um Vergangenes als um Sinnbildung für die Gegenwart, aus der Zukunftsfähigkeit erwachsen kann. Ebenso wollen biblische Wundergeschichten den LeserInnen helfen, mittels der erzählten Welt ihre eigene Welt neu verstehen und gestalten zu lernen. Der enorme Überfluss der Speisungswunder – es werden nicht nur 5000 Menschen satt, sondern es bleiben sogar zwölf Körbe übrig – signalisiert eine neue Wirklichkeit, die auch die Gegenwart und die Zukunft der LeserInnen in ein neues Licht rücken kann.

Der Versuch, das narrative Ineinander von Vergangenheit, Gegenwart und Zukunft genauer aufzudröseln, erweist sich allerdings als recht komplex, wie die Überlegungen von Michael Labahn zur wunderbaren Brotvermehrung in Mk 6 zeigen. Das Motiv des über den Moment hinaus reichenden Überflusses entstammt der Erwartung eines abundanten endzeitlichen Freudenmahls, das wiederum sein Vorbild in einer paradiesischen Urzeit hat. »Die erzählte Geschichte stellt die erzählte Zeit damit als ein Abbild der erwarteten Endzeit dar, das in der Erzählzeit schon Wirklichkeit ist.«[18] Das Speisungswunder verändert nicht nur die erzählte Zeit, sondern vermag bei seinen LeserInnen Hoffnungen für die eigene Gegenwart und Zukunft zu wecken.

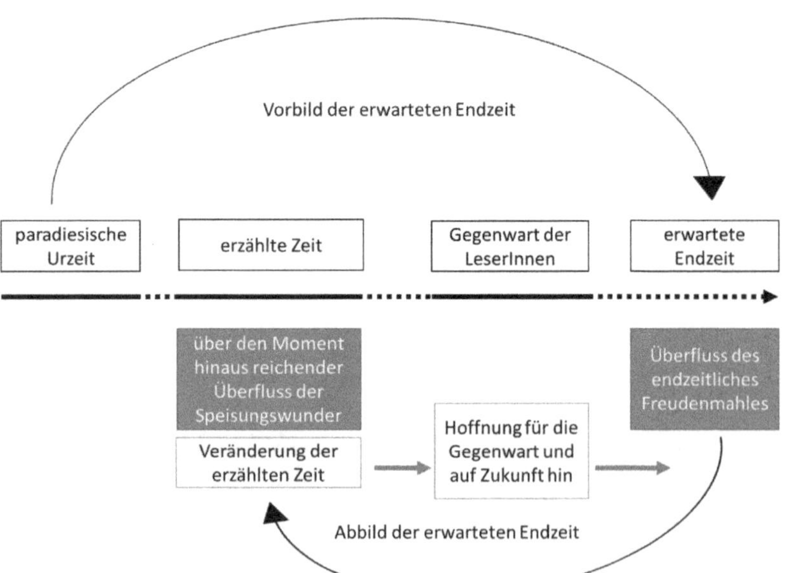

Indem Wundererzählungen von der weltverändernden Kraft Gottes erzählen, werden sie zu Hoffnungsgeschichten, und zwar nicht im Sinne einer Vertröstung auf eine ferne Zukunft. Vielmehr erweisen sie sich zugleich als Protestgeschichten, die sich mit den sozialen Ungerechtigkeiten der Gegenwart nicht zufrieden geben und die Grenzen des Menschenmöglichen durchbrechen wollen.[19] Endzeithoffnungen speisen sich aus paradiesischen Urbildern und verändern nicht nur die erzählte Welt, sondern werden, indem sie erzählt werden, bereits für die Gegenwart der LeserInnen ansatzweise Wirklichkeit.

Wenn es mittels dieses Interpretationszugangs zum Brotvermehrungswunder in Mk 6 gelingt, die erzählte Welt des Textes und die Welt der LeserInnen recht stimmig miteinander zu verknüpfen, stellt sich die Frage, ob eine solche Verschränkung der Zeiten als Deutungsmatrix nicht mit einem ähnlichen Gewinn auch auf neutestamentliche Heilungswunder anzuwenden ist.

Im Übrigen lässt sich bereits in den synoptischen Parallelüberlieferungen der Speisung der Fünftausend (Mt 14,13–21; Lk 9,10b–17) feststellen, dass im frühen Christentum offenbar zunehmend eine gewisse inhaltliche Nähe zwischen Geschenk- und Heilungswundern wahrgenommen wurde: Während in Mk 6,34 Jesus die große Volksmenge ›nur‹ lehrt, heilt er bei Matthäus (Mt 14,14) ihre Kranken. Lukas unterstreicht die besondere Bedeutung der Heilungen – und damit auch der anschließenden wunderbaren Speisung – noch durch die Verknüpfung mit der Reichgottespredigt Jesu: »Er empfing sie freundlich, redete zu ihnen vom Reich Gottes und machte gesund, die der Heilung bedurften.« (Lk 9,11b) Noch deutlicher wird die Tendenz, unterschiedliche konkrete körperliche Bedürfnisse bzw. wunderbare Veränderungen, wie sie in den beiden Wundergattungen erzählt werden, miteinander zu verbinden,[20] in der matthäischen Version der Speisung der Viertausend (Mt 15,29–39; vgl. Mk 8,1–10): »Da kamen viele Menschen (wörtlich: viele Volksmengen) zu ihm und brachten Lahme, Blinde, Krüppel, Stumme und viele andere Kranke; sie legten sie ihm zu Füßen und er heilte sie, sodass die Menschen staunten, als sie sahen, dass Stumme redeten, Krüppel gesund wurden, Lahme gehen und Blinde sehen konnten. Und sie priesen den Gott Israels. Jesus rief seine Jünger zu sich und sagte: Ich habe Mitleid mit diesen Menschen; sie sind schon drei Tage bei mir und haben nichts mehr zu essen. Ich will sie nicht

hungrig wegschicken, sonst brechen sie auf dem Weg zusammen.« (Mt 15,30–32)
Offensichtlich greifen Matthäus und Lukas die prophetische Tradition des Ersten Testaments auf, Nahrung in Überfülle und Heilung Kranker als Zeichen für den Anbruch der Endzeit zu verstehen.[21] Bekannt ist insbesondere die Verheißung in Jes 35,5f.: »Dann werden die Augen der Blinden aufgetan / und die Ohren der Tauben werden geöffnet. Dann springt der Lahme wie ein Hirsch / und die Zunge des Stummen frohlockt, denn in der Wüste sind Wasser hervorgebrochen / und Flüsse in der Steppe.«

2.4 Heilung mit Nebenwirkungen – Hoffnung oder Provokation

Überträgt man die beschriebene Verschränkung der Zeiten in den Speisungswundern auf Heilungswunder, bedeutet das analog, dass sich die Veränderung in der erzählten Zeit, also die Heilung, aus einem für die Endzeit zu erwartenden Körperideal ableiten lassen muss, das wiederum dem paradiesischen Ursprungszustand entspricht. So, wie der erzählte Überfluss den aktuellen Hunger zwar nicht aufheben kann, aber diese Gegenwart auf Zukunft hin als überwindbar erscheinen lässt, kann die erzählte Dynamis (Krafttat) Jesu in die Gegenwart der LeserInnen wirken und Krankheit und Behinderung angesichts der zu erwartenden körperlichen Vollkommenheit als letztlich nur vorläufig erscheinen lassen. Wenn Speisungswunder unter dieser Deutungsperspektive als Hoffnungs- und Protestgeschichten zu begreifen sind, dann sind auch Heilungswunder als Hoffnung auf Überwindung von Krankheit und Leid bzw. als Protest dagegen zu lesen.
Was auf den ersten Blick plausibel und hoffnungsvoll klingen mag, stellt sich für Menschen mit Behinderung aber keineswegs zwangsläufig als wunderbare Aussichten dar, sondern kann ganz im Gegenteil zu einer erheblichen Provokation werden. Beispielsweise betont bereits 1998 die feministische Theologin Dorothee Wilhelm, selbst Rollstuhlfahrerin, dass ihr die biblischen Heilungsgeschichten auf die Nerven gingen – und zwar massiv. ChristInnen hätten sie als Bilder für Befreiung, Neubeginn und Hoffnung verstehen gelernt, eigentlich würden sie aber von Normalisierung und Anpassung erzählen, von einem wundersamen Emporheilen zum Status der ›Normalen‹. Damit sei auch das Reich Gottes letztlich exklusiv.[22]

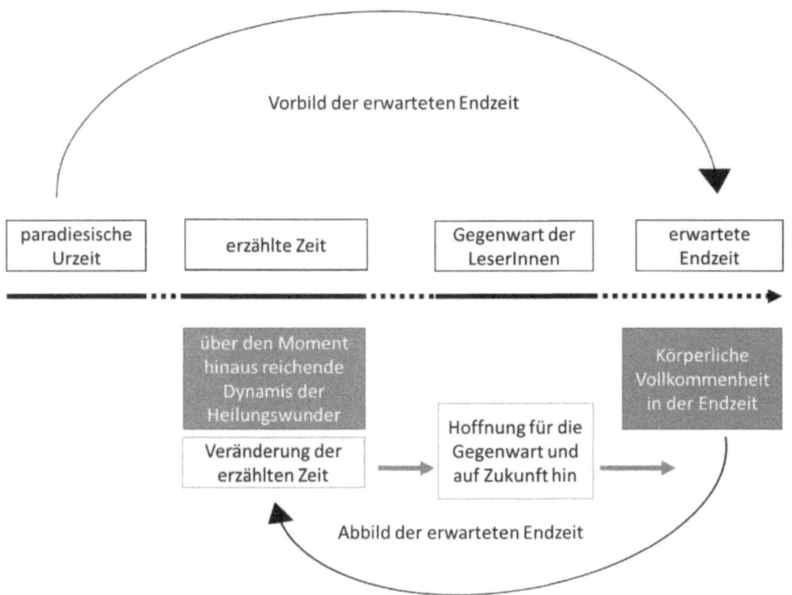

Als inklusiver Gegenentwurf wäre, so Susanne Krahe, eine während ihres Studiums erblindete Theologin und Schriftstellerin, auch eine neue Schöpfung vorstellbar, »in der das ›Heilwerden‹ die gebrochene Gegenwart nur insofern übertrifft, als es das Nichtheile, das Krumme und Minderbemittelte nicht mehr als Störfaktor betrachtet, und zu deren Menschenfreundlichkeit es gehört, Behinderte so behindert, wie sie sind, als einen Teil der geschöpflichen Vielfalt zu begrüßen, statt sie als Mängelwesen zu beklagen«[23].

Bevor im nächsten Kapitel die kritischen Positionen von Dorothee Wilhelm und Susanne Krahe weiter vertieft werden sollen, bleibt für dieses Kapitel nicht nur festzuhalten, dass die pluriformen neutestamentlichen Wundererzählungen einer Pluralität an Interpretationsansätzen bedürfen,[24] sondern vor allem auch, dass jeder im Ansatz zunächst nachvollziehbare Auslegungsweg zugleich fragwürdig sein kann, weil er auf der anderen Seite entweder dem Text oder auch RezipientInnen nicht hinreichend gerecht werden kann. Höchst problematisch wird es offenbar, wenn das zu erwartende Heil gleichgesetzt wird mit körperlicher Heilung.[25]

3. Irritierende Perspektivenwechsel

»Nur, wenn wir die Heilungsgeschichten so verstehen, daß unsere Auslegung behinderte Menschen nicht kränkt, verstehen wir sie auch für uns selbst richtig.«[26] Mit dieser These bringt der 2009 verstorbene Theologe Ulrich Bach, selbst Rollstuhlfahrer, prägnant auf den Punkt, was er seit den siebziger Jahren des letzten Jahrhunderts in immer wieder neuen Anläufen wortgewaltig eingefordert hat: eine grundsätzlich andere Interpretation neutestamentlicher Heilungsgeschichten, und zwar nicht nur, weil manche Deutungen von Menschen mit Behinderung als diskriminierend empfunden werden könnten. Das ließe sich, so Bach, unter Beachtung einiger Sonderregeln bei der Behandlung der Geschichten vor Menschen mit Behinderung oder unheilbarer Krankheit vermeiden. Vielmehr sei das Problem wesentlich umfassender, da solche Auslegungen ebenso die Nichtbehinderten schädigen würden. Auch diese könnten »die Texte für sich selbst nur dann richtig verstehen, wenn sie die Texte anders lesen«. Zwar würden sie sich wohl kaum diskriminiert fühlen, es werde ihnen aber etwas vorgegaukelt, was nicht der Wahrheit entspreche.[27]

Vorbehalte gegenüber Heilungsgeschichten beziehen sich aber nicht nur auf problematische Interpretationsansätze einer »gesundheitstrunkenen und behinderungsvergessenen Theologie« (Ulrich Bach), sondern auch auf die biblischen Texte selbst. Dabei reicht die Kritik vom Vorwurf eines Normalisierungsanspruches (Dorothee Wilhelm) und eines Vollkommenheitswahns (Susanne Krahe) bis hin zur dezidierten Infragestellung als »texts of terror« (Sharon V. Betcher).

Wenn im Folgenden eingehend dargestellt wird, wie diese vier AutorInnen Heilungsgeschichten jeweils auf dem Erfahrungshintergrund eigener Behinderung lesen, geht es nicht um einen vorübergehenden Rollentausch, sondern um einen prinzipiellen Perspektivenwechsel. Selbstverständlich ist dieser Blickwinkel, wie zu sehen sein wird, auch zu diskutieren und es lassen sich ebenfalls Einwände vortragen. Dennoch kann man hinter einen solchen Ansatz nicht mehr zurückgehen, will man auch in der Theologie die Forderung nach Inklusion wirklich ernst nehmen. Entscheidend ist, dass es sich dabei nicht um die partikularen Interessen einer spezifischen Gruppe handelt – diese zu beachten, wäre letztlich nur eine Form positiver Diskriminierung –, sondern um eine für die Gesamtgesellschaft relevante Perspektive.

3.1 *»Theologie nach Hadamar« vs. »Apartheidstheologie« (Ulrich Bach)*

Für eine Theologie, die sich Jesus verpflichtet weiß, verbietet sich nach Ulrich Bach »alles, was behinderte Menschen als Sonder-Menschen oder -Christen erscheinen läßt«. Sie muss eine »ebenerdige Theologie« sein, »zu der alle stufenlosen Zugang haben. Ein theologischer Satz kann nur richtig sein, wenn er auch für behinderte Menschen gilt bzw.: wenn er auch für nichtbehinderte Menschen gilt«[28].

Wie problematisch selbst gut gemeinte Formulierungen sein können, zeigt ein Beispiel aus der Gemeinsamen Erklärung der Deutschen Bischofskonferenz und des Rates der Evangelischen Kirche in Deutschland »Gott ist ein Freund des Lebens« von 1989, in der sich im Kontext der Theodizeefrage der Gedanke findet: »Gott liebt jeden einzelnen Menschen unabhängig von seiner körperlichen Verfassung; Gott will auch den Behinderten, er will nicht die Behinderung.«[29] Nach Bach verbirgt sich dahinter ein fatales Schöpfungsverständnis, das nur das Makellose der guten Schöpfung Gottes zurechnet und daher Gesundheit und Nichtbehinderung als den Normalfall betrachtet, Behinderung hingegen als »Schöpfungspanne«. Behinderung von der Person mit dieser Behinderung zu unterscheiden, mag, so Bach, für einen Menschen mit leichter Behinderung noch nachvollziehbar sein, nicht aber für einen schwerstmehrfachbehinderten Menschen, für den dieser Satz eine »völlig nichtssagende Abstraktion« bleibt. Ein Nein Gottes zu seiner Behinderung würde sich ebenso auf fast alle Einzelaktionen beziehen, wie etwa die Art seiner Nahrungsaufnahme oder der Kommunikation mit anderen Menschen. Kaum vorstellbar erscheine dann angesichts einer solchen Ablehnung der gesamten erlebten Wirklichkeit ein Ja Gottes zu diesem Menschen und zu seinem einmaligen Leben.[30] Wie fragwürdig eine solche Theologie sei, werde besonders deutlich, wenn man den komplementären Satz betrachte: »Gott will auch den Gesunden, er will nicht die Gesundheit.«[31]

Eine Theologie, die ihre Aussagen nicht gleichermaßen für Menschen mit und ohne Behinderung formuliert und bedenkt, bezeichnet Bach pointiert als »Apartheidstheologie«: »Da gibt es einen sozial-rassistischen Graben: die einen sind Gott (und seinen Schöpfungsabsichten) näher als die anderen. Denn Gott ist als Gott der Stärke ein Feind aller Behinderung (bzw.: die Behinderung ist etwas Gegengöttliches); Gottes Herrlichkeit besteht darin, behinderte Menschen von ihrer Behinderung zu befreien (bzw.: befreien zu lassen)«.[32] Um eine solche »sozial-rassistische Theologie« zu überwinden, bedürfe es einer »Theologie nach Hadamar als Theologie der Befreiung«[33]. Für diesen theologischen Ansatz, den Bach – analog zu einer Theologie nach Auschwitz – nach dem hessischen Hadamar, einer der vielen Vernichtungsstätten von Menschen mit Behinderung im Dritten Reich, benennt, gelte hingegen: »Behindert-Sein sei wie Nicht-Behindert-Sein eine Möglichkeit innerhalb der guten Schöpfung Gottes«, eine Aussage, die es ihm auch selbst erlaube, nach seiner Erkrankung zu bekennen: »Gott will, daß dieses Leben mein Leben ist«[34]. Ulrich Bach erkrankte 1952 mit 21 Jahren während seines Theologiestudiums lebensgefährlich an Kinderlähmung – als Folge eine der letzten großen bundesweiten Polioepidemien vor Einführung der sog. Schluckimpfung – und saß seitdem im Rollstuhl, konnte aber das Studium auf Grund eigener Willenskraft und der tatkräftigen Unterstützung von vier Freunden und seiner späteren Ehefrau beenden. Jahrzehntelang engagierte er sich als Pastor in einer Behinderteneinrichtung und als Dozent bzw. Lehrbeauftragter für Neues Testament und Dogmatik für einen »behindertengemäßen« Umgang mit biblischen Texten und eine »ebenerdige Theologie« bzw. eine »Theologe nach Hadamar«.[35]

Als Haupteinwand gegen seine Thesen seien, wie Bach schreibt, immer wieder die Heilungsgeschichten Jesu angeführt worden, da gerade diese zeigten, dass Behinderungen nicht im Sinne Gottes seien und Jesus diese ebenso wie Dämonen als Teil des Bösen bekämpfe.[36] Insbesondere die Geschichte von der Heilung des Gelähmten in Mk 2,1–12 belege dies, wenn Jesus dem Gelähmten nicht nur die Sündenvergebung zuspreche, sondern ihn auch heile. Ziel Jesu sei das »ganzheitliche« Heil-Sein des Menschen, das Wohlergehen des inneren wie des äußeren Menschen. Solche Überlegungen seien aber, so Bach, »eine Spielart der Apartheidstheologie« und das Ergebnis einer oberflächlichen Lektüre der Heilungserzählungen. »[S]chlichte Bibelleser oder auch wissenschaftlich arbeitende Exegeten« gingen von dem Vorurteil aus, Krankheiten gehörten nicht in Gottes Schöpfung und seien auf dämonischen Einfluss zurückzuführen. Die fehlende Unterscheidung zwischen Besessenheit und Krankheit führe dann zu dem fatalen Fehlschluss, eine Heilung als Einbruch des Reiches Gottes zu begreifen.[37]

Der Vorstellung, Heilungen seien ebenso wie Dämonenaustreibungen ein »Etappensieg« für das Reich Gottes, Heilung und Gesundheit gehörten unabdingbar zum Heil Gottes dazu,[38] hält Bach entschieden entgegen: Der eigentliche Auftrag Jesu sei es gewesen, vom Reich Gottes zu predigen und Dämonen auszutreiben, Heilungen hätten hingegen nur nebenbei stattgefunden und wären nicht mit dem Heil gleichzusetzen.[39] Gerade Mk 2,1–12 sei ein Beleg dafür, dass mit der Sündenvergebung das Wirken Jesu bereits zum Ziel gekommen sei und eigentlich keine Heilung mehr notwendig gewesen sei. »[D]as Verrechnen, nach dem eine Lähmung auf eine besondere Sünde hinweist oder ein Indiz ist für Unfriede mit Gott, also für Gottferne, diese diskriminierende Ebene wird von Jesus total zerschlagen«. Die Heilung habe dann zwar doch stattgefunden, aber nur wegen des Unglaubens der kritisierenden Schriftgelehrten, »diese[r] (schon damals) begriffsstutzigen Theologen«, der Geheilte sei »überhaupt nicht der eigentlich wichtige Nutznießer seiner Heilung« und seine Freude sei »eindeutig Nebenprodukt der hier berichteten Tätigkeit Jesu«. Gerade der Text Mk 2,1–12 belege eindeutig, »daß Jesus uns zumuten kann, mit unserer Behinderung zu leben« und »daß auch der Nicht-Geheilte mit Gott ganz (also ›ganzheitlich‹) in Ordnung ist, wenn ihm die Vergebung seiner Sünden zugesprochen wurde«.[40] Mit anderen Worten: Heilung und Heil sind nach Bach streng voneinander zu trennen.[41] Gottes Heil könne »auch ohne des Menschen Heilung des Menschen volles Heil sein«[42], wie etwa auch die Erfahrungen des Apostels Paulus in 2 Kor 12,7–9 zeigten.

Wie im letzten Kapitel dargestellt wurde, wird in klassischen Interpretationen biblischer Heilungserzählungen implizit das Ideal körperlicher und geistiger Vollkommenheit des Menschen vorausgesetzt. Indem Jesus Menschen heilt, realisiert sich bereits anfanghaft ein für die Endzeit erwartetes Heil-Sein des Menschen (eschatologische bzw. soteriologische Perspektive), das sich wiederum aus Vorstellungen von einem paradiesischen Ursprungszustand des Menschen (schöpfungstheologische Perspektive) speist. Das besondere Verdienst Bachs liegt ohne Zweifel darin, das hinter solchen Auffassungen stehende Menschenbild als behindertendiskriminierend in Frage gestellt und dem gegenüber aus den biblischen Texten eine »Wertschätzung des Unvollkommenen«[43] entwickelt zu haben. In der Konsequenz führt ein solcher Perspektivenwechsel weg von einer auch in der Theologie in Bezug auf Behinderung und Krankheit vielfach üblichen »Defizitperspektive«[44] hin zu einer »schöpfungstheologische[n] und soteriologische[n] Doppelperspektivität der Gleichheit aller Menschen«[45], also zu einer Sicht, nach der Menschen mit und ohne Behinderung gleichermaßen von Anfang an zur guten Schöpfung Gottes gehören und mit Blick auf die Endzeit ebenso teilhaben am zukünftigen Heil Gottes.

Die Annahme Bachs, um das Heil gehe es ausschließlich in der Reich-Gottes-Predigt Jesu und bei seinen Dämonenaustreibungen als Kampf gegen widergöttliche Kräfte, nicht aber auch bei seinen Heilungen,[46] ist allerdings nicht haltbar. Auch bei Markus verweisen Heilungen entsprechend der prophetischen Tradition offenbar auf den Anbruch der Endzeit: So greift der Evangelist beispielsweise Jes 35,5f. auf, wenn er die angesichts der Heilung eines Taubstummen überaus erstaunten Menschen in Mk 7,37 über Jesus sagen lässt: »Er hat alles gut gemacht; er macht, dass die Tauben hören und die Stummen sprechen.«[47] Auch für die von Bach vorausgesetzte klare Trennung zwischen Exorzismen und Heilungen finden sich Gegenbeispiele, etwa wenn bei der Heilung der Schwiegermutter des Simon (Mk 1,29–31) die Rede davon ist, dass das Fieber sie verlassen hat, nachdem Jesus ihre Hand ergriffen und sie aufgerichtet hat, und damit auch Motive einer Dämonenaustreibung anklingen.

Wie bereits angedeutet, gehen die im Folgenden besprochenen Autorinnen in ihrer Kritik noch ein Stück weiter als Bach, indem sie nicht nur die Auslegungen, sondern die biblischen Texte selbst als diskriminierend hinterfragen.

3.2 Veränderung der Verhältnisse vs. Normalisierungsstrategie (Dorothee Wilhelm)

Heilungserzählungen werden häufig als Hoffnungsgeschichten verstanden. Umso irritierender ist es, wenn Dorothee Wilhelm geradezu das Gegenteil behauptet: »Die Zukunft, die in biblischen Heilungsgeschichten gewährt wird, ist […] zu eng.«[48] Zwar würden einzelne Menschen geheilt und ihnen damit eine Zukunft eröffnet werden. Allerdings handle es sich dabei nur um eine »Anpassung der Abweichenden an das, was als Normalität gilt«. Verschwinden sollten die Unnormalen samt ihrer störenden Eigenschaften. Eine notwendige Heilung der Umgebung geschehe indes nicht: »[K]ein Wunder ereignet sich an den verhärteten Herzen, so dass die soziale Umgebung auf eine Weise umgestaltet würde, die der Vielfalt der Menschen, die in ihr leben, ein Leben in Würde und Handlungsfähigkeit erlauben würde. Nichts geschieht – ausser im Körper der

Ausgegrenzten.«[49] So könnten aber der neue Himmel und die neue Erde, die verheißen sind (vgl. Jes 65,17; Offb 21,1), nicht aussehen. Biblische Prophetie weise gerade in eine andere Richtung, indem sie den Blick vom eigenen Unglück auf die gewalttätigen Verhältnisse in der menschlichen Gemeinschaft weite und dieser den Spiegel Gottes vorhalte. Der Anspruch, angesichts sowohl eigener Grenzen und Schwächen als auch der anderer prophetisch zu handeln, gelte gleichermaßen für Menschen mit und ohne Behinderung.[50]

Es gehe dabei vor allem darum, Projektionen eigener Ängste vor Zerbrechlichkeit und Sterblichkeit auf Menschen mit Behinderung zu durchbrechen und solche Stigmatisierungen und Reduzierungen als gewalttätig zu erkennen. Allerdings dürfe man als ein Mensch mit Behinderung auch nicht in der Gegenabhängigkeit verharren, indem man permanent solche Zuweisungen zurückweisen und sich die »normalistischen Etiketten« vom Leib halten müsse.[51] Oftmals sei es tatsächlich schwieriger, behindert zu sein als nicht behindert, und es gebe Momente und Phasen, in denen man schreien möchte wie der Betende in Psalm 31,10–12, der über ein Übel klagt, das nicht nur seinen Körper und seine Seele, sondern auch seine soziale Identität betrifft: »Herr, sei mir gnädig, denn mir ist angst; vor Gram zerfallen mir Auge, Seele und Leib [...] Zum Spott geworden bin ich all meinen Feinden, ein Hohn den Nachbarn, ein Schrecken den Freunden«. Daher sei es »mehr als eine notwendige Privatsache«, sich da wieder herauszuwinden. Prophetisches Handeln weise über das einzelne Schicksal hinaus auf die »notwendige Veränderung der Verhältnisse«. Die andere Seite des Schmerzes sei »die Sehnsucht nach dem Fallen der Grenzen, nach der (Wieder-)Öffnung der Möglichkeiten. Ein Schrei nach Zukunft. Das ist die Heilung, nach der im Psalm geschrieen wird.«[52]

Biblische Heilungsgeschichten helfen dabei aus der Sicht der feministischen Theologin Dorothee Wilhelm, die, wie erwähnt, selbst Rollstuhlfahrerin ist, nicht weiter. Sie seien Geschichten aus der Perspektive derer, die sich selbst für nichtbehindert halten, und erzählten davon, wie Menschen mit Behinderung »per Wunder zum Status der ›Normalen‹ emporgeheilt« würden. Daher seien biblische Heilungsgeschichten keine Hilfe, sondern ganz im Gegenteil ein Ärgernis, weil sie in der als Befreiung geschilderten Heilung die Abwertung der abweichenden Körper noch affirmierten.[53]

Wenn Menschen mit Behinderung sich zu Wort melden und mit eigener Stimme für sich und ihre besonderen Fähigkeiten und Bedürfnisse sprechen würden, sei das dagegen ein Beitrag zur Schöpfung und Teilhabe an der Arbeit der schöpferischen Gottheit. Damit werde gewissermaßen der Schöpfungsauftrag Gottes an Eva und Adam in Gen 2,19f. fortgesetzt, allen und allem einen Namen zu geben. Dieser schöpferische Prozess sei aber nicht abschließbar, da wir nicht wüssten, wer sich noch zu Wort melden würde, um die Befreiung von fremden Lebensformen zu fordern.[54] Im Sinne der Erzählung von der Erschaffung des Menschen als Mann und Frau (Gen 1,27) seien wir erst zusammen Mensch, und zwar in der Gesamtheit aller Möglichkeiten menschlichen Lebens.[55]

Zugleich könne ein solches Geschehen auch als Verwirklichung des biblischen Bilderverbots, und zwar als Ablehnung der Reduzierung anderer auf ein einziges Bild, verstanden werden, da Menschen mit Behinderung ihre eigenen Augen den Millionen anderer Augen entgegensetzen und deren Bilder von Menschen mit Behinderung erschüttern würden.[56] Um das biblische Bilderverbot praktisch umzusetzen und diesen längst überfälligen Perspektivenwechsel deutlich zu machen, verfremdet Dorothee Wilhelm immer wieder herrschende Selbstverständlichkeiten und Normalitäten, indem sie beispielsweise ihre ZuhörerInnen bzw. LeserInnen bewusst als »ZweibeinerInnen« anspricht.[57]

Ulrich Bach stellt bestimmte Auslegungen biblischer Heilungserzählungen – vor allem für Mk 1 und 2, dem Basistext einer »Theologie nach Hadamar als Theologie der Befreiung« – als behindertenfeindlich in Frage, nicht aber die Texte selbst. Allerdings seien Wunderheilungen für den Heilsauftrag Jesu nicht entscheidend gewesen. Im Vergleich dazu lehnt Dorothee Wilhelm Heilungserzählungen vollständig – und nicht nur einzelne Interpretationen – ab, da sie Normalisierungsgeschichten seien. Dagegen sieht sie in anderen biblischen Aussagen, wie den Psalmen, den Schöpfungserzählungen und dem Bilderverbot, eine Basis für eine »feministische Theologie der Behinderung als Befreiungstheologie«[58]. Beide werden mit ihren jeweiligen Ansätzen allerdings nur bedingt dem biblischen Zeugnis gerecht, da Heilungserzählungen offenbar im Zentrum der Botschaft der Evangelien und Apostelgeschichte stehen.

3.3 Ausbleiben der Wunder vs. Vollkommenheitswahn (Susanne Krahe)

Nicht weniger kritisch als Dorothee Wilhelm, allerdings meist in narrativer Form, äußert sich Susanne Krahe, eine nach ihrem Studium erblindete Theologin und Schriftstellerin.[59] Auf fast verstörende Weise bricht sie beispielsweise in ihrer alternativen Passionserzählung »Der defekte Messias« (2002) unhinterfragte Vollkommenheitsphantasien auf, wenn sie das Jesuskind als Frühgeburt auf die Welt kommen lässt. Wenige Stunden nach der Geburt zeigen sich die Folgen eines Sauerstoffmangels: Der Gesalbte Israels und Retter der Welt ist spastisch gelähmt.[60] Eine Vorstellung, die offenbar so gar nicht zu unseren Bildern von einem Jesus passen wollen, der selbst Kranke und Menschen mit Behinderung heilt.

Auf Heile-Welt-Phantasien macht Susanne Krahe auch mit »Nachgeschichten« zu biblischen Heilungserzählungen aufmerksam, etwa in ihrem 2009 erschienen Roman »Markus, der Zweifler« mit einer fiktiven Fortsetzung der Heilung des Gelähmten in Mk 2,1–12, der sich »über die Dauergesundung, die Jesus ihm zugefügt hatte«, beschwert: »Solange der Mann jung und gelähmt gewesen war, hatte er Freunde und Nachbarn gehabt, lauter Leute, die seine unbeweglichen Knochen durch die Gegend schleppten. Helfen wollten sie. Ihm Gutes erweisen, weil er zum Nichtstun verurteilt gewesen war, zum Warten und Erwarten. [...] Aber als ihr Freund dann seine ersten Schritte gewagt hatte, als er seine Bahre unter den nicht mehr gelähmten Arm klemmte und vor aller Augen hinausging, mischte sich Misstrauen unter ihr Staunen. Wie konnte das sein? Hatte ihr Freund den Gelähmten vielleicht nur gespielt? Zum Misstrauen gesellte sich bald Missgunst. [...] Seit der Gelähmte ein stinknormaler Mann war, einer mit Frau, Kindern und einem geregelten Einkommen, sprach er nur noch von Ex-Freunden. [...] Berühmt wurden nur die Erfolgsgeschichten. Berühmt wurden die wunderbaren Augenblicke, aber nicht die endlose Lebenszeit, die nach dem Wunder zu bestehen war.«[61]

Bewusst trage sie, so Susanne Krahe in einem Gespräch mit der Neutestamentlerin Ulrike Metternich, mittels ihrer Nachgeschichten die Erfahrungen aus dem Leben heute lebender Menschen mit Behinderung und ihrer Familien in die biblischen Texte ein. Zwar sei das wohl unwissenschaftlich und verbiege die Aussageabsicht der meisten biblischen Erzähltraditionen. Andererseits sehe sie sich gerade durch die Wunderkritik, die sich bereits bei den Synoptikern selbst finde, durchaus in diesem Ansatz gestärkt.[62]

Die eigentliche theologische Herausforderung bestehe nicht darin, dass in der Bibel die Blinden, Lahmen und Verrückten geheilt würden, bei uns dagegen nicht. Auch zur Zeit Jesu habe es mit Sicherheit Menschen gegeben, denen Jesus nicht geholfen habe, über die in den Evangelien aber nicht berichtet würde. Vielmehr seien wir herausgefordert, Behinderungen »neu und nicht nur als ›schlimmes Schicksal‹ oder ähnlich negativ« zu beurteilen. Damit würde dann automatisch auch »unsere eingeschliffene, oftmals verhärtete Perspektive auf die neutestamentlichen Wundererzählungen« in Frage gestellt werden. Erst seit sie selbst blind sei, höre sie auf die Töne und Untertöne der Heilungserzählungen. Zwar entdecke sie keine grundsätzliche »Behindertenfeindlichkeit«, »eher eine gut gemeinte Fürsorge für ›die armen Elenden‹, für deren wirkliche Lebensumstände sich – außer Jesus selbst? – kaum jemand interessiert«. Ob dieses negative Pauschalurteil über Behinderungen und Krankheit den Überlieferungen der Geschichten anzukreiden sei, wisse sie nicht. Wo es aber dazu führe, »behinderte Existenzen als unvollständig und unbedingt reparaturbedürftig abzuqualifizieren«, ärgere sie »dieser unüberhörbare, irgendwie arrogante Ton«.[63]

Im Gegensatz zu den biblischen Visionen, die zuküftiges Heil und köperliche Heilung miteinander verknüpfen, wäre, wie im letzten Kapitel bereits kurz erwähnt, auch eine neue Schöpfung vorstellbar, »in der das ›Heilwerden‹ die gebrochene Gegenwart nur insofern übertrifft, als es das Nichtheile, das Krumme und Minderbemittelte nicht mehr als Störfaktor betrachtet«, und zu deren Menschenfreundlichkeit es gehöre, »Behinderte so behindert, wie sie sind, als einen Teil der geschöpflichen Vielfalt zu begrüßen, statt sie als Mängelwesen zu beklagen«. Dabei wäre keineswegs die Hoffnung auf einen schmerzfreien Zustand ausgeschlossen, sondern nur das pauschale Urteil über das ›Leiden‹ Behinderter.[64] Wenn Behinderte nicht nur mit Armen in einem Atemzug genannt würden, sondern sogar mit Toten wie in Mt 11,5 bzw. Lk 7,22b (»Blinde sehen wieder, Lahme gehen und Aussätzige werden rein; Taube hören, Tote stehen auf und Armen wird das Evangelium verkündet.«), werfe diese Parallelität ein bezeichnendes Licht auf die Bewertung ihres Schicksals. In solchen biblischen Texten werde der Eindruck vermittelt, sie stünden eindeutig auf der Verliererseite und ihnen seien alle Lebensgrundlagen im elementarsten Sinne entzogen.[65]

Die messianischen Hoffnungsbilder der Bibel verstehe sie hingegen als Hinweis auf eine Gottesdimension, die eigene Vorstellungen und Grenzen sprengen würden. Gott sei dann »sowieso ganz neu, ganz anders und erstaunlicher als unsere heutigen Möglichkeiten, ihn zu begreifen«. Er sei zum Beispiel mehr als das Licht, das wir uns für die Augen der Blinden wünschen würden. Um dies erfassen zu können, bräuchten wir aber »gerade die Erfahrungen und den Spürsinn der anders Begabten und scheinbar Begabungslosen«. Vielleicht seien diese gar nicht die »fehlerhaften Ausschuss-Exemplare der göttlichen Werkstatt, sondern bewusste Sonderanfertigungen«. Schon jetzt verwirklichten auch sie Aspekte der neuen Schöpfung und seien »nicht nur die Kontrastfolie zu Gottes Urteil, dass alles Geschaffene gut sei«.[66] Vermittelten die paradoxen Bilder von einer paradiesischen Zukunft in Jes 29,18 und in Jes 35,6, nach denen Taube sogar Geschriebenes hören und Blinde auch im Dunkeln sehen sollten, Stumme jauchzen und nicht bloß reden und Lahme nicht nur gehen, sondern springen könnten, nicht »eine Ahnung der (noch) verborgenen, aber durchaus überraschenden Begabungen behinderter Menschen«?[67]

Außerdem sei die Erfahrung, von Gott nicht verlassen, als Volk und als einzelner Mensch nicht allein zu sein, nicht an Heilungen gebunden, wie das Beispiel des Paulus zeige, der sich nicht von seinem Glauben habe abbringen lassen, auch wenn er nicht von seinem »Stachel im Fleisch« (2 Kor 12,7–9) befreit worden sei. Christlicher Glaube bewähre sich, so Susanne Krahe, im Gegenteil erst dort, wo Wunder(heilungen) ausblieben.[68]

Susanne Krahe stellt ebenso nachdrücklich wie Ulrich Bach und Dorothee Wilhelm exkludierende Vollkommenheits- bzw. Normalitätsvorstellungen bei der Interpretation biblischer Heilungserzählungen in Frage. Im Gegensatz zu den beiden anderen Autoren lässt sie freilich eher offen, wer solche Deutungen in die Heilungswunder eingetragen hat, die Evangelisten selbst (D. Wilhelm) oder spätere RezipientInnen (U. Bach). Die dezidierte Forderung einer inkludierenden Perspektive auf biblische Heilungserzählungen führt auch Susanne Krahe konsequenterweise zu einem Verständnis von Schöpfung und Neuschöpfung, das die Teilhabe daran sowohl für Menschen mit als auch für Menschen ohne Behinderung als selbstverständlich betrachtet. Der ›Preis‹ für diese Sicht ist allerdings – mit je unterschiedlichen Begründungen – eine Relativierung (U. Bach, S. Krahe) oder sogar völlige Ablehnung (D. Wilhelm) der biblischen Heilungserzählungen.

3.4 Machtkritische Implikationen vs. »Texts of Terror« (Sharon V. Betcher)

Am deutlichsten stellt in den letzten Jahren die US-amerikanische Theologin Sharon V. Betcher neutestamentliche Heilungserzählungen in Frage, wenn sie von »texts of terror« spricht.[69] Dabei greift sie eine Bezeichnung auf, die die feministische Theologin Phyllis Trible Anfang der 80er-Jahre für biblische Texte wie die Vergewaltigung der Tamar oder die Opferung der Tochter Jiftachs geprägt hat.[70] Laut Sharon V. Betcher, die selbst mit 37 Jahren einen tragischen Unfall erlitten und dadurch ein Bein verloren hat,[71] erweisen sich Heilungserzählungen im Neuen Testament deshalb für Menschen mit Behinderung als »Schreckenstexte«, weil solche Erzählungen regelrecht eine Objektivierung von Menschen mit Behinderung erzeugen. Ohne Menschen mit Behinderung nach ihren eigenen Erfahrungen und Bedürfnissen zu fragen, würden ausschließlich Defizite der behinderten Körper und eine sich daraus ergebende Notwendigkeit der Heilung vorausgesetzt werden, die wiederum mit bestimmten Normalitätsvorstellungen verbunden seien. Damit werde eine »Nimm dein Bett und geh«-Mentalität (vgl. Mk 2,11) in der westlichen Kultur bedient, die letztlich nur intakte ökonomische Ressourcen, sprich die Arbeitskraft, im Blick hätte.[72] Zudem hätten Heilungserzählungen aufgrund der kulturprägenden Kraft der Bibel wesentlich dazu beigetragen, die Gegensätze normal/unnormal und behindert/nichtbehindert im abendländischen Denken mitzuprägen.[73]

Eigentlich gehe es in den biblischen Heilungserzählungen aber nicht um die Wiederherstellung von körperlicher Ganzheit. Vielmehr seien bereits im Ersten Testament Blindheit, Lähmung und Taubheit verdichtete Symbole für die Geschichte des Volkes Israel, die daran erinnerten, dass Weltreiche es versklavt hätten, indem sie etwa Menschen durch Verstümmelung an der Flucht gehindert oder ihnen die Sehnsucht nach einem anderen Leben eingeträufelt hätten (vgl. z.B. Num 11,5: »Wir denken an die Fische, die wir in Ägypten umsonst zu essen bekamen, an die

Gurken und Melonen, an den Lauch, an die Zwiebeln und an den Knoblauch.«). Genauer betrachtet bezweckten diese Erzählungen daher die Destabilisierung und Einebnung von Mächten und damit eine soziopsychologische Genesung von dominanten Kulturen, also eine Unterbrechung von bzw. einen Widerstand gegen herrschende imperiale Definitionen des Lebens. Die übliche Lektüre von Heilungserzählungen verstehe diese aber nicht mehr als biblische Metaphern zur Aufhebung von Kolonisation, sondern führe gerade im Gegenteil zur Unterstützung von Machthabern. Unbewusst würden wir uns mit einer solchen Deutung die Sicht der Mächtigen aneignen und uns dadurch in deren Definitionsmacht von einem gelungenen Leben verstricken lassen.[74]

Wie das Kapitel zeigt, stellen die genannten AutorInnen die Interpretation biblischer Heilungserzählungen bzw. die Texte selbst in unterschiedlicher Abstufung in Frage. Diese reicht von einer Relativierung als bloßes Beiwerk des soteriologischen Handelns Jesu, wie bei Ulrich Bach, bis hin zur völligen Ablehnung bei Dorothee Wilhelm. Auch Susanne Krahe relativiert Heilungserzählungen, indem sie mittels Nachgeschichten gegenwärtige Erfahrungen von Menschen mit Behinderung zur Geltung bringen und auf die mit Heilungsgeschichten verbundenen Heile-Welt-Phantasien aufmerksam machen will. Sharon V. Betcher lehnt Heilungserzählungen, wenn sie klassisch interpretiert werden, nicht weniger dezidiert als Dorothee Wilhelm ab, versucht aber über eine postkoloniale Hermeneutik neue Zugangsmöglichkeiten zu eröffnen, indem sie Heilungserzählungen als machtkritische Bilder begreift. Abgesehen von diesen graduellen Unterschieden in den Vorbehalten gegenüber biblischen Heilungserzählungen richtet sich die Kritik aller vier AutorInnen aber gleichermaßen gegen exkludierende Vollkommenheitsvorstellungen, insbesondere dann, wenn sie als Ab- bzw. Vorbilder eines paradiesischen Urzustandes bzw. einer neuen Schöpfung begriffen werden.

4. Heilsame Einsichten

Die Kritik an der Interpretation biblischer Heilungsgeschichten bzw. an den Texten selbst wird, wie zu sehen war, vielfach am Beispiel der Erzählung von der Heilung des Gelähmten in Mk 2,1–12 entfaltet. Insbesondere das Verhältnis von Heil und Heilung spielt dabei eine wesentliche Rolle, da Jesus dem gelähmten Mann zunächst seine Sünden vergibt und ihn erst dann heilt. Kurios ist nicht nur, wie vier Männer sämtliche Barrieren überwinden, um den Gelähmten auf einer Bahre zu Jesus zu bringen. Zum Sinnbild der Befreiung wird schließlich der Augenblick, in dem der Mann aufsteht, seine Tragbahre selbst trägt und nach Hause geht.

Um zu überprüfen, inwieweit die erwähnte Kritik berechtigt ist und sich am Text belegen lässt, soll in diesem Kapitel zunächst der Inhalt der Perikope etwas genauer betrachtet werden. Dabei sollen auch die Verortung im Markusevangelium und die mit Wundererzählungen verbundenen Anliegen des Evangelisten in den Blick genommen werden. Wie tendenziös einzelne Interpretationen sind, weil sie offensichtlich weniger den Text analysieren als vielmehr theologische und gesellschaftliche Vorstellungen der eigenen Zeit eintragen, wird in einem zweiten Schritt deutlich werden. Der Versuch, den in Mk 2 vorausgesetzten Zusammenhang von Krankheit und Sünde und die gleichzeitige Infragestellung dieses Deutungszusammenhangs durch Jesus genauer zu bestimmen, erweist sich allerdings ebenfalls als nicht unproblematisch. Dazu kommt, dass die vielfach unreflektiert vorausgesetzten klischeehaften Bilder von der Krankheit bzw. Behinderung des in Mk 2 genannten Mannes nicht aus dem Text abzuleiten sind, ein Vergleich mit außerbiblischen antiken Texten aber auch keine klare ›Diagnose‹ ermöglicht. Ergebnis des Textbefundes und der einzelnen Analyseschritte wird schließlich sein, dass mögliche Auslegungen dieser Heilungserzählung wesentlich zurückhaltender ausfallen müssten, zumal dann, wenn sie sich im Sinne einer doppelten Kontextanalyse, wie mehrfach betont, auch für heutige Menschen als hilfreich und damit als nicht behindertendiskriminierend erweisen sollen.

4.1 Spannungen entdecken – Die Heilung eines Gelähmten in Mk 2,1–12

In keinem anderen Evangelium ist die Wunderthematik so zentral wie im Markusevangelium. Insgesamt werden uns neun Heilungswunder, vier Besessenenheilungen (Exorzismen) und fünf Naturwunder erzählt. Dazu kommen noch sechs Sammelberichte, sogenannte Summarien, mit Wundern. Damit umfassen die Erzählungen über die Wunder Jesu fast ein Drittel des gesamten Evangeliums. Allein in der ersten Hälfte des Markusevangeliums (1,1–8,26) finden sich 15 Wundererzählungen. Jesus soll damit aber nicht als außergewöhnlicher ›Wundermann‹ präsentiert werden, etwa im Vergleich zu anderen Wundertätern im hellenistischen Raum. Seine Wunder sind vielmehr Ausdruck für den Anbruch des Reiches Gottes. Wie Jesus erst als Gekreuzigter in seinem wahren Wesen als Sohn Gottes erkannt werden kann (Mk 15,39), so sind auch seine Wunder erst vom Kreuz her richtig zu verstehen. Erfahrbar werden die Wunder, wenn Menschen sich aus dem Glauben heraus vertrauend auf Jesus und seine Botschaft einlassen.[75]

Nach Mk 1 heilt Jesus – noch ungestört von Gegnern – in Kafarnaum einen Besessenen (1,21–28) und die Schwiegermutter des Petrus (1,29–31) sowie an einem nicht näher bestimmten Ort in Galiläa einen Aussätzigen (1,40–45). Erst mit Mk 2 beginnen die Spannungen und Konflikte mit den Schriftgelehrten und Pharisäern. Eingeleitet werden die sogenannten fünf galiläischen Streitgespräche mit der Heilung eines Gelähmten (2,1–12), beendet durch die Heilung eines Kranken am Sabbat (3,1–6).

Der Ruf Jesu hat sich bereits in ganz Galiläa verbreitet (1,28). Er heilt nicht nur in Kafarnaum viele Kranke und Besessene (1,32–34), sondern predigt im ganzen Land und treibt Dämonen aus (1,39). Bei seiner Rückkehr nach Kafarnaum (2,1) ist der Menschenandrang zu ihm so groß (V. 2), dass man nicht mehr auf normalem Weg in das Haus gelangen kann, in dem er sich gerade befindet: So decken vier Männer, die einen Gelähmten zu ihm bringen wollen (V. 3), kurzerhand und mit vereinten Kräften das Dach ab und lassen die Trage mit dem Gelähmten zu Jesus hinab (V. 4). Die Begegnung mit Jesus wird indes nicht weiter ausgeführt. Vielmehr wird etwas unvermittelt erzählt, dass Jesus ihren Glauben sieht und zu dem Gelähmten sagt: »Kind, erlassen werden deine Sünden.«[76] (V. 5) Daraus entwickelt sich nun ein Konflikt mit den Schriftgelehrten, die in ihrem Herzen, also stumm, überlegen (V. 6), ob es sich dabei nicht um eine Gotteslästerung handelt, da allein Gott Sünden erlassen kann (V. 7). Ohne die Schriftgelehrten überhaupt zu Wort kommen zu lassen, fragt Jesus sie zunächst nach ihren Gedanken (V. 8) und dann danach, ob es leichter sei, zu dem Gelähmten zu sagen, seine Sünden seien ihm erlassen, oder ihm zu sagen, er solle aufstehen, seine Tragbahre nehmen und umhergehen (V. 9). Um ihnen die Vollmacht des Menschensohns zu ›beweisen‹, Sünden auf Erden zu erlassen (V. 10), fordert er den Gelähmten auf, aufzustehen (V. 11). Und tatsächlich steht dieser auf, nimmt seine Bahre und geht vor allen hinaus, so dass diese sich entsetzen und Gott verherrlichen, weil sie so etwas noch nie gesehen hätten (V. 12).

Im Vergleich zu anderen Heilungserzählungen erscheint in dieser Erzählung vor allem die Verknüpfung mit einem Streitgespräch ungewöhnlich. Aufgrund der sich daraus ergebenden Spannungen im Text wird in der Exegese vielfach darüber diskutiert, ob erst der Autor des Markusevangeliums diese Einheit geschaffen hat oder ihm diese bereits vorgelegen hat. Der in Mk 2 vorausgesetzte Zusammenhang zwischen Krankheit und Sünde wird dagegen in der Regel nicht weiter in Frage gestellt, obwohl häufig gerade damit, wie im letzten Kapitel zu sehen war, implizit die Gleichsetzung von Heilung und Heil sowie umgekehrt die Verknüpfung von Krankheit bzw. Behinderung und Erlösungsbedürftigkeit ›transportiert‹ werden.

Noch weniger interessiert sich die exegetische Forschung normalerweise für die in Mk 2 vorausgesetzten Krankheitsbilder. Dies muss in der Konsequenz, so Reinhard von Bendemann, aber zu einer Austauschbarkeit der vermuteten Krankheiten bzw. Krankheitsursachen und damit bei der Interpretation zu einem Mangel an Konkretheit führen.[77] Noch schwerer wiegt aber, dass dadurch ein großer Assoziations- und Interpretationsspielraum eröffnet wird und unhinterfragt vorausgesetzte Krankheits- und Behinderungsbilder oftmals zu behindertendiskriminierenden Aussagen beitragen. Bevor diese Problematik genauer betrachtet werden soll, sind aber zunächst der in Mk 2 angenommene Zusammenhang zwischen Krankheit und Sünde und die sich daraus ergebenden Konsequenzen für die Interpretation zu erörtern.

4.2 *Behauptungen aufdecken – Der Gelähmte als Bild für den sündigen Menschen*

Zu welchen Aussagen eine Interpretation führen kann, die mögliche Bezüge zum Thema Nicht/Behinderung offensichtlich unberücksichtigt lässt, zeigt eine Deutung zu Mk 2,1–12 Ende der 70er Jahre des 20. Jahrhunderts: »Der Gelähmte ist, wie Jesu Wort (5) an ihn zeigt, ein ›Sünder‹, d.h. Beispiel derer, die vor tausend Wegen stehen und doch ohne Weg sind; die mitten auf dem Lebensweg schon am Ende *ihrer* Wege angekommen sind. Er repräsentiert nicht die subjektiv an sich Verzweifelnden, die Schwachen, die Irregeführten, die gescheiterten Randfiguren der Gesellschaft. Er repräsentiert die objektive Wirklichkeit des selbstherrlichen Menschen schlechthin, der in allem Fortschreiten und in allem Fortschritt doch nicht vorwärts kommt, es sei denn bis zu seinem Tod – eine lähmende Einsicht für den, der sein möchte oder sein muß wie Gott, und darum eine meist unterdrückte und verdrängte Einsicht, zugleich aber eine heilsame Einsicht für jeden, der sich in *seinem* Fortschreiten hemmen läßt und begreift, daß der Mensch im Glauben getragen werden muß, will er zum Ziel kommen. Der Kranke ist also ›der von der Sünde gelähmte Mensch‹ […], der Zug der vier mit dem Gelähmten ›wie ein Leichenzug‹ […]. *So* also versteht der Erzähler die traditionelle Verbindung von ›Sünde‹ und ›Krankheit‹: Nicht diese oder jene bestimmte irdische Not ist auf diese oder jene bestimmte Verfehlung zurückzuführen; vielmehr bedeutet die Tatsache, daß der Mensch *Sünder ist,* ›die Lähmung‹ des Lebens selbst und überhaupt. Die Sünde führt den Tod schon in das Leben ein.«[78]

Walter Schmithals, ein bedeutender Neutestamentler in der zweiten Hälfte des vergangenen Jahrhunderts, trägt mit dieser Interpretation nicht nur theologische Vorstellungen von der Selbstherrlichkeit und Sündhaftigkeit des Menschen in den Text ein, sondern stellt metaphorisierende und stigmatisierende Verknüpfungen zwischen Sünde und Krankheit her, ohne hinreichend zu hinterfragen, ob sich diese aus dem Text selbst ableiten lassen oder der Theologie des Markusevangeliums entsprechen. Dabei lässt er sich nicht nur von der in Mk 2 geschilderten Sündenvergebung leiten. Auch wenn bei anderen markinischen Heilungserzählungen das Stichwort Sünde nicht explizit genannt wird, stellt er in seinem Markuskommentar einen entsprechenden Interpretationszusammenhang zwischen Krankheit und Sünde her. So ist für ihn etwa auch der Besessene von Gerasa (Mk 5,1–20) ein Musterbeispiel für den gottlosen, sündigen Menschen, den Gottverlassenen. Als Deutungsschema legt er dabei ebenso wie für andere markinische Heilungsgeschichten die paulinische Darstellung des selbstentfremdeten, sündigen Menschen in Röm 7,14–25 zugrunde, den allein Gott durch Jesus Christus aus seinem Todesleib erretten kann. Auch die anderen Wundergeschichten im Markusevangelium folgen nach Schmithals diesem Deutungsschema und enthalten damit bereits das »*ganze* Evangelium«, ja sind »eine Dogmatik in nuce«: »Wer eine dieser Geschichten verstanden hat, hat begriffen, was christlicher Glaube überhaupt glaubt und christliche Verkündigung im Grunde will.«[79]

Gerade kranke und behinderte Menschen in den biblischen Heilungsgeschichten als Bilder für den sündigen Mensch zu verstehen, kann wohl kaum als ›heilsame Einsicht‹ begriffen werden. Ganz im Gegenteil wird mit einer solchen Aussage erst recht die Wut – etwa von Dorothee Wilhelm – darüber einsichtig, dass Menschen mit Behinderung und ihre Körpererfahrungen funktionalisiert werden, um die Heilsbotschaft des Evangeliums metaphorisch zum Ausdruck zu bringen. Offensichtlich trägt Walter Schmithals in die biblischen Heilungserzählungen unbewusste theologische und gesellschaftliche Klischees der 70er und 80er Jahre ein, also einer Zeit, in der sich insgesamt noch wenig Sensibilität für Fragen der Inklusion findet.

4.3 Differenzierungen hinterfragen – Der Zusammenhang zwischen Krankheit und Sünde

Wesentlich differenzierter interpretiert dagegen Ruben Zimmermann dreißig Jahre später diese Perikope, indem er davon ausgeht, der Zusammenhang zwischen Krankheit und Sünde werde in Mk 2,1–12 selbstverständlich vorausgesetzt, zugleich aber durchbrochen.[80] Zimmermann setzt in seinen Überlegungen zur Verknüpfung von Krankheit und Sünde bzw. von Sündenvergebung und Heilung bei alttestamentlichen Texten an, wenn z.B. in Ps 41,5 der Betende darum bittet: »HERR, sei mir gnädig! Heile mich; denn ich habe gegen dich gesündigt.« Wichtig sei beispielsweise in den Psalmen nicht die Erklärung der Krankheit, etwa vor dem Hintergrund des weisheitlichen Tun-Ergehen-Zusammenhangs als Folge einer Sünde oder als Strafe Gottes, vielmehr gehe es um deren

Überwindung mitsamt der Sünde. Auf diesem Boden erfolge dann auch die neutestamentliche Bearbeitung des Themas.[81]

In Mk 2,1–12 werde zunächst der Zusammenhang von Krankheit und Sünde nicht nur vorausgesetzt, sondern auch narrativ untermauert. Wenn Jesus in V. 5 den Gelähmten sieht und ihn sogleich von seinen Sünden frei spricht, werde deutlich, wie im Erzählverlauf die Krankheit selbstverständlich als sichtbarer Ausdruck von Sünde betrachtet werde. Jesus sei aber nicht an einer Ursachenerklärung oder Schuldzuweisungen interessiert. Entscheidend sei vielmehr, dass die Krankheit »in der Präsenz und im Handeln Jesu ihre Bedeutung und Macht« verliere. Auch wenn die Verknüpfung von Sünde und Krankheit in der Perikope sehr ernst genommen werde, werde sie »weder gerechtfertigt noch fortgeschrieben, sondern letztlich handelnd durchbrochen und somit ad absurdum geführt«. Sichtbar werde dies vor allem, »indem die sozialen Folgen der Krankheitsdeutung als Sünde durchbrochen« würden. Zunächst habe der Kranke keine Zugangsmöglichkeiten zum Haus und zur Gemeinschaft. Diese räumlich inszenierte Grenzziehung werde dann im Inneren des Hauses verbal noch durch die Äußerungen der Schriftgelehrten unterstrichen. Erst im Glauben an Jesus würden die vier Männer mit dem Gelähmten die Mauern im buchstäblichen Sinne durchbrechen. Ebenso wenig dürfte es ein Zufall sein, wenn sie schließlich von oben kämen. Auch die göttliche Vergebungsbereitschaft dürfe nicht durch menschliche Grenzen verhindert werden, sondern finde im »Vergebungszuspruch des Menschensohns ihre angemessene Entsprechung auf Erden«. Im entlarvenden Zuspruch Jesu behielten nicht nur die Lähmung und Ausgrenzung keine Gültigkeit mehr, sondern würden auch die üblichen Weltbilder in Frage gestellt werden. Die »verkehrte Welt« zeige sich vor allem dadurch, dass der getragene Gelähmte nun selbst seine Liege trage und dass alle außer sich gerieten.[82]

Im Übrigen werde auch sonst im Neuen Testament immer wieder die persönliche und wertfreie Zuwendung Jesu zu den Kranken hervorgehoben. Insbesondere in Joh 9,1–3 werde der Deutungszusammenhang von Krankheit und Sünde aufgebrochen, wenn Jesus dezidiert die Frage und die implizit damit verbundene Schuldzuweisung seiner Jünger verneine, ob ein Blindgeborener oder seine Eltern gesündigt hätten. So könne Jesus in den Rahmenversen von Joh 9 – entgegen aller Tradition – provokativ sogar Krankheit und Sündlosigkeit gleichsetzen:

»Um zu richten, bin ich in diese Welt gekommen: damit die nicht Sehenden sehen und die Sehenden blind werden. Einige Pharisäer, die bei ihm waren, hörten dies. Und sie fragten ihn: Sind etwa auch wir blind? Jesus sagte zu ihnen: Wenn ihr blind wärt, hättet ihr keine Sünde. Jetzt aber sagt ihr: Wir sehen. Darum bleibt eure Sünde.« (Joh 9,39–41)[83]

Um für Mk 2,1–12 aufzeigen zu können, dass »[b]esonders die leiblichen und sozialen Negativ-Folgen der Deutungskonstruktion von Krankheit als Sünde [...] durchbrochen und mit der persönlichen Hinwendung Jesu zu den Kranken kontrastiert«[84] werden, geht Ruben Zimmermann von einer in sich geschlossenen Erzähleinheit aus, deren Spannungen und Gegensätze (außen vs. innen; oben vs. unten; Jesus vs. Schriftgelehrte usw.) bewusst gewählt seien, um narrativ besser die Durchbrechung von Mauern und Grenzen veranschaulichen zu können. Auch wenn im Gegensatz zu Joh 9 nicht explizit von einem Aufbrechen des Zusammenhangs von Krankheit und Sünde die Rede sei, könne dieses aus dem Erzählzusammenhang erschlossen werden. Dabei setzt Ruben Zimmermann einen ›Metaphernzusammenhang‹ voraus, in dem sich die Bilder des Verharrens und der Undurchdringlichkeit einerseits und des Aufbrechens und der Durchlässigkeit andererseits gegenseitig bedingen und auslegen und in den auch der Gelähmte eingebunden ist. So bleibe der Gelähmte die ersten elf Verse völlig passiv und werde erst im letzten Vers zum Subjekt, um auf diese Weise die Lähmung, aber auch seine überraschende Aktivität narrativ zum Ausdruck bringen zu können.[85]

Ein solcher metaphorisierend-kontrastierender Deutungszugang erscheint auf den ersten Blick durchaus plausibel. Allerdings wird der Gelähmte damit letztlich auf ein Bild im Dienste der übergeordneten Aussage reduziert, Jesus breche starre Strukturen seiner Zeit auf und bringe Bewegung in verkrustete Vorstellungen. Noch deutlicher wird die Problematik eines solchen Interpretationsansatzes bespielweise bei Paul-Gerhard Klumbies, wenn dieser davon ausgeht, »die Person des Gelähmten befinde[t] sich ebenso wie die Pharisäer und Schriftgelehrten in einem Erstarrungszustand, der eine körperliche und eine geistig-geistliche Ausdrucksseite«[86] besitze. Auf der einen Seite werde »der reglose Mann auf der Tragbahre [...] seines bestehenden heilen Gottesverhältnisses vergewissert«. Diese Zusage gehe mit der Wiedergewinnung seiner körperlichen Bewegungsfähigkeit einher und zugleich werde die Ausgrenzung überwunden, welcher der Kranke als Sünder unterliege. Auf der anderen

Seite gerieten die »Pharisäer und Schriftgelehrten, die unter Hinweis auf ihre reglose Körperhaltung in die Handlung eingeführt und anschließend durch ihre innere Erstarrung als geistlich defizient charakterisiert« würden, in V. 12b »schließlich ebenfalls in Bewegung – in körperlicher wie geistlicher Hinsicht«. Damit erschienen auch sie als Integrierte, »die in eine lebendige Gottesbeziehung zurückgeholt wurden«.[87]

Insgesamt erweisen sich solche metaphorisierenden Kontrastierungen aus zwei Gründen als nicht unproblematisch. Zum einen gehen sie von nicht weiter begründeten Annahmen aus, wenn zum Beispiel sowohl der Gelähmte als auch die sitzenden Schriftgelehrten als »reglos« gesehen werden und für den Gelähmten ein »bestehendes heiles Gottesverhältnis« angenommen wird, hingegen die Schriftgelehrten als »geistlich defizient« bezeichnet werden. Wie im nächsten Kapitel zu sehen sein wird, setzen solche Interpretationen offenbar bestimmte Vorstellungen von der Art und dem Grad der Lähmung voraus, ohne sie aus dem Text wirklich ableiten zu können. Zum anderen wird im Text nicht ersichtlich, wie weit eine bildliche Deutung gehen darf bzw. vom Autor des Evangeliums tatsächlich intendiert ist: Sind wirklich alle in dieser Erzählung vorkommenden Beschreibungen und Details sowohl auf einer ersten Ebene im eigentlichen Sinne als auch auf einer zweiten Ebene metaphorisch zu verstehen? Die Passivität des kranken bzw. behinderten Mannes muss beispielsweise keineswegs das Bild der allgemeinen Erstarrung unterstreichen, sondern findet sich ebenso in anderen Heilungserzählungen, in denen es aber nicht um das Aufbrechen verhärteter Strukturen geht, etwa wenn in Mk 8,22–26 ein Blinder zu Jesus gebracht wird, den er ungefragt heilt.

Zudem macht eine Deutung der Lähmung als Metapher für Erstarrungszustände des Menschen aus heutiger Sicht auch den Gelähmten selbst zum Sinnbild für eine defiziente menschliche Existenz und rückt ihn damit erneut in die Nähe eines sündhaften Verhaltens. Zwischen der Deutung der Lähmung und der des Gelähmten unterscheiden zu wollen, bleibt abstrakt. Letztlich bedingen sich beide Interpretationen gegenseitig. Wird Lähmung als Bild verstanden, wird auch der Gelähmte zum Bild und so zur Projektionsfläche negativer Zuschreibungen.

4.4 Ernüchterungen zulassen – Der Mann, der nicht gehen kann[88]

In Kommentaren zu Mk 2,1–12 parr. wird der Gelähmte häufig als »gänzlich hilflos«, »offenbar vollständig gelähmt«, nicht mehr in der Lage, »sich seinen eigenen Lebensunterhalt zu verdienen«, oder »abhängig von der Fürsorge anderer« beschrieben.[89] Vielfach werden mit der Lähmung ebenso Kraftlosigkeit und Schwäche wie völlige Bewegungs- und Handlungsunfähigkeit verknüpft.[90] Solche Assoziationen mögen sich teilweise aus medial vermittelten Bildern speisen. Man denke nur an den Kinoerfolg »Ziemlich beste Freunde« aus dem Jahr 2011: Nach einem Paragliding-Unfall ist Philippe vom Hals ab gelähmt, findet aber mittels der unkonventionellen Methoden seines Pflegers Driss zurück zum Leben. Unabhängig davon, inwieweit solche Bilder eines Tetraplegikers oder die eines Paraplegikers – wie im Film »Ein ganzes halbes Jahr« aus dem Jahr 2016 – zu unbewussten Assoziationen und Klischees beitragen, werden mit dem Stichwort Lähmung in Mk 2 unausgesprochen zumeist eine völlige Lähmung oder Querschnittslähmung verbunden, in aller Regel begleitet von den genannten Stereotypen. Selten wird dagegen danach gefragt, ob sich diese Vorstellungen tatsächlich im Text belegen bzw. ob sich außerhalb des Neuen Testaments in der Antike entsprechende Zeugnisse finden lassen.

Eine genauere Analyse zeigt, dass eine medizinische Eingrenzung des eigentlichen Krankheitsbildes kaum möglich ist, weil wir nicht wissen, was der griechische Begriff *paralytikós*, der in der Regel mit *gelähmt* übersetzt wird, eigentlich genau bedeutet. Normalerweise würde ein Blick in die sonstige griechische Literatur helfen, um die Bedeutungsbreite eines Wortes bestimmen zu können. In diesem Fall führt dies aber nicht weiter, da der Begriff in Schriften, die vor dem Neuen Testament zu datieren sind, völlig fehlt. Erstmals taucht er im Neuen Testament auf, und zwar zehn Mal, davon allein fünf Mal in Mk 2,1–12 und drei Mal in der matthäischen Fassung der Heilungserzählung (Mt 9,2–8), außerdem in Mt 4,24 (Sammelbericht) und Mt 8,6 (Heilung des Knechts eines Hauptmanns).[91] Zwar wird er ab dem ersten Jahrhundert auch in der griechischen Literatur verwendet, etwa in dem Werk *De Materia Medica* von Pedanios Dioscorides, das jahrhundertelang maßgeblich für pharmakologische Fragestellungen war.[92] Allerdings erlaubt die dortige Nennung des Begriffs im Kontext verschiedener Heilkräuter auch keine genauere Bedeutungsbestimmung.[93] So sind sich die Exegeten, die sich mit einer präziseren Begriffsanalyse auseinandersetzen, einig darin, dass »eine genaue Diagnose der Lähmungserscheinungen in Heilungsgeschichten des NT« unmöglich sein dürfte.[94] Medizinische Klassifikationen spiegeln eher die Weltsicht des Interpreten wider, als tatsächlich eine bessere Beschreibung des genannten Phänomens zu bieten. Besonders deutlich wird dies beispielsweise bei der von Martin Luther stammenden Übersetzung »Gichtbrüchiger«.[95]

Auch der in der griechischen Literatur, aber nicht im Neuen Testament belegte Begriff *parálysis* weist eine so große Bedeutungsbreite auf, die von eingeschränkten Funktionsstörungen des menschlichen Körpers etwa bei Trunkenheit über die einseitige Lähmung bis hin zu metaphorischen Bezeichnungen reichen kann, dass sich daraus keine genauere Bestimmung des *paralytikós* in Mk 2,1–12 ableiten lässt.[96] Das Einzige, was sich damit über den *paralytikós* in Mk 2,1–12 sagen lässt, ist, dass es sich um einen Mann handelt, der nicht gehen kann.

Dabei können die Ursachen, wie Dwight N. Peterson, selbst ein Paraplegiker und Rollstuhlfahrer, zeigt, vielfältig sein: etwa ein Schlaganfall oder eine Kopfverletzung, aber auch verdrehte oder kompliziert gebrochene Beine, die nicht richtig zusammengewachsen sind; ebenso denkbar wären eine schwere Arthritis oder psychosomatische Störungen. Mit großer Wahrscheinlichkeit auszuschließen seien jedoch häufig mit dem Text assoziierte moderne medizinische Diagnosen wie Paraplegie und Tetraplegie, da diese in der Antike in der Regel letal verlaufen seien. Selbst wenn jemand das Anfangstrauma, etwa einen schweren Sturz, eine Schwertverletzung oder eine pathogene bzw. autoimmune Störung, überlebt haben sollte, wäre er in einer Welt ohne Antibiotika bald an einer Infektion gestorben. Denkbar wäre lediglich noch, dass der Mann, der zu Jesus gebracht wird, unmittelbar vorher einen schweren Unfall erlitten hat, allerdings weist in der Erzählung nichts darauf hin.[97] So ist im Gegensatz zu Mt 8,6 (Heilung des Knechts eines Hauptmanns) auch nicht die Rede davon, dass er starke Schmerzen gehabt hat.

Ebenso schwer wie die physischen Parameter sind die sozialen Bedingungen des *paralytikós* in Mk 2,1–12 zu bestimmen. Ob man aus der situativ bedingten Angewiesenheit auf die Hilfe von vier Männern in Mk 2,3 allgemein auf soziale Abhängigkeit und Armut schließen darf, erscheint eher fragwürdig. Nach der Untersuchung griechischer Papyri von Peter Arzt-Grabner findet sich beispielsweise in einem nicht mehr vollständig erhaltenen Brief aus dem Jahr 33 n.Chr. ein »Lahmer im Lagerbezirk« erwähnt, hier allerdings nicht mit *paralytikós*, sondern mit *cholós* bezeichnet, der Ruhebetten herstellt und nun die seit einem Jahr ausstehende Zahlung für eine Lieferung einfordert.[98] Wenn in diesem Brief offenbar von einem selbstständigen Handwerker die Rede ist, stellt das auch die klischeehaften Einschätzungen der sozialen und wirtschaftlichen Voraussetzungen des *paralytikós* in Mk 2,1–12 erheblich in Frage.

Zusammenfassend ist festzuhalten, dass sich aufgrund des neutestamentlichen Textes kaum etwas über den *paralytikós* aussagen lässt. Wir erfahren weder, warum er nicht gehen kann, noch etwas über seine sozialen Bedingungen. Offensichtlich verbietet es sich auch, von einem zeit- und kulturunabhängigen Krankheitsbild auszugehen,[99] will man nicht Klischees der eigenen Zeit in den Text eintragen. Dies bedeutet aber, dass bei metaphorisierend-kontrastierenden Deutungen ebenfalls Vorsicht geboten ist, da auch diese letzten Endes eher von einem gegenwärtigen als einem antiken Bildrepertoire ausgehen.

Die vorausgehenden Überlegungen führen also ›lediglich‹ zu der hoffentlich ›heilsamen Einsicht‹, welche Interpretationsansätze auf Grund des Textbefundes und des inklusiven Lektüreanliegens im Weiteren auszuschließen sein dürften. Damit sind aber noch keine Deutungsalternativen für Heilungserzählungen angesprochen. Wie das Beispiel im folgenden Kapitel zeigen wird, wird die Last, für alle LeserInnen – unabhängig davon, ob mit oder ohne Behinderung – einen ansprechenden Interpretationszugang zu eröffnen, sogar noch schwerer, betrachtet man die Texte aus einer heutigen inklusiven Sicht: Warum werden beispielsweise die in den Heilungsgeschichten genannten Menschen, wie auch in Mk 2,1–12, auf ihre Krankheit bzw. Behinderung reduziert, ohne in der Regel ihre Namen und Lebensumstände zu erwähnen? Kann von einer Begegnung auf gleicher Augenhöhe die Rede sein, wenn sie meist überhaupt nicht zu Wort kommen und einzelne von Jesus sogar als Kind (Mk 2,5) angesprochen werden?

5. *Gestörte Lektüre*

Die vorgestellten Deutungsansätze zu Mk 2,1–12 haben gezeigt, dass die im vorletzten Kapitel von verschiedenen AutorInnen vorgetragene Kritik an der Interpretation neutestamentlicher Heilungsgeschichten durchaus berechtigt erscheint. Aus der Perspektive eines inklusiven Anspruchs ist – trotz einer differenzierten Vorgehensweise – zum Beispiel auch gegenüber metaphorisierend-kontrastierenden Auslegungen Zurückhaltung geboten. Um zu zeigen, dass diese Problematik nicht nur für die Perikope in Mk 2,1–12 gilt, die durch die Kombination von Sündenvergebung und Heilung gewissermaßen eine Ausnahme darstellt, soll im Folgenden noch Lk 14,1–24 genauer betrachtet werden. Dabei handelt es sich um eine Perikope, die in der Exegese äußerst kontrovers eingeschätzt wird: Auf der einen Seite gilt der Text – im positiven Sinne – als Provokation, bestehende gesellschaftliche Normen und eigenes Statusdenken zu hinterfragen und aufzugeben. Auf der anderen Seite bezeichnet ihn etwa Dorothee Wilhelm als einen der behindertenfeindlichsten Texte der Bibel. Insbesondere die Passage in Lk 14,12–14 müsse als »spirituelle Ausbeutung« von Menschen mit Behinderung verstanden werden,[100] wenn der lukanische Jesus dazu auffordere, Gastgeber sollten nicht ihre Freunde, Brüder, Verwandte oder Nachbarn zum Essen einladen, sondern Arme, Krüppel, Lahme und Blinde. Weil diese es nicht vergelten könnten, würden die Gastgeber selig sein und es werde ihnen bei der Auferstehung der Gerechten vergolten werden.

Wie im letzten Kapitel soll zunächst der Text selbst zu Wort kommen, um dann exemplarisch an dieser Erzählung weitere klassische Deutungsstrategien auf ihre Tragfähigkeit hin zu überprüfen. Vor allem geht es einmal mehr darum, unbewusst damit verbundene behindertendiskriminierende Positionen aufzudecken. Zunehmend wird sich außerdem die Frage stellen, ob ›nur‹ einseitige Interpretationskonzepte für problematische Aussagen verantwortlich sind oder ob nicht die neutestamentlichen Heilungserzählungen selbst, wie von Dorothee Wilhelm und Sharon V. Betcher vermutet, aus einer heutigen inklusiven Perspektive letztlich exklusive und damit behindertenfeindliche Vorstellungen transportieren.

5.1 Den Rahmen sprengen – Mahlgemeinschaft nach Lk 14,1–24

Mit der Kombination aus einer Mahl-, Wunder- und Gleichniserzählung treffen in Lk 14,1–24 drei narrative Hauptlinien des Lukasevangeliums zusammen. Insbesondere die Reich-Gottes-Happenings, wie Joachim Kügler die Mahlgemeinschaften Jesu treffend mit einem Begriff aus der modernen Kunst bezeichnet, um zu zeigen, dass mittels dieser prophetischen Zeichen – ebenso wie in den Exorzismen und Krankenheilungen – Königsherrschaft Gottes geschehe (engl. *happens*),[101] bestimmen den Duktus des Lukasevangeliums: angefangen beim Levimahl (5,27–32) über die Treffen im Haus des Simon (7,36–50), in dem eines nicht näher bezeichneten Pharisäers (11,37–52) und in dem eines führenden Pharisäers (14,1–24) bis hin zum Zachäusmahl (19,1–10). Bezeichnend für das offensichtlich unkonventionelle Verhalten Jesu ist in diesem Kontext der Vorwurf seiner Gegner, er sei »ein Fresser und Säufer, ein Freund der Zöllner und Sünder« (7,34). Ihren Höhepunkt finden die gemeinsamen Mahlfeiern im letzten Abendmahl (22,14–38) und im Mahl des Auferstandenen mit den Emmausjüngern (24,30–32).

Ähnlich wie beim letzten Abendmahl (22,21–38) ist auch das Mahl im Haus eines führenden Pharisäers an einem Sabbat (14,1) geprägt von »symposialen Gesprächen«: Jesus erteilt den Anwesenden vier Belehrungen, und zwar (1), nachdem er einen Wassersüchtigen geheilt hat, zum richtigen Umgang mit dem Sabbat (V. 2–6), (2) zur rechten Haltung der Eingeladenen (V. 7–11), (3) zur Auswahl der Gäste (V. 12–14) und schließlich (4) – in Form eines Gleichnisses – zur letzten Einladung Gottes zum großen Festmahl im Gottesreich.[102]

Zum dritten Mal nach Lk 6,6–11 (Heilung des Mannes mit einer abgestorbenen Hand) und Lk 13,10–17 (Heilung der gekrümmten Frau) wird in Lk 14,2–6 von einer Heilung am Sabbat erzählt. Angesichts eines wassersüchtigen Menschen (*hydrōpikós*) (V.2) stellt Jesus den Gesetzeslehrern und Pharisäern provokativ die Frage, ob es am Sabbat erlaubt sei, zu heilen (V. 3), lässt diese aber – wieder einmal – nicht zu Wort kommen, sondern heilt unmittelbar danach den Kranken (V. 4). Nicht weniger herausfordernd als die erste erscheint die anschließende Frage Jesu, wer von den Anwesenden einen Sohn oder einen Ochsen, der in einen Brunnen gefallen sei, nicht sogleich herausziehen würde, auch am Sabbat (V. 5). Die Gefragten haben darauf allerdings nichts zu erwidern (V. 6).

Wichtig zu wissen ist in diesem Kontext, dass Jesus ebenso wie seine Gegner wohl der Überzeugung war, dass der Sabbat als Ruhetag Gottes die Vollendung der Schöpfung versinnbildliche und – im Rahmen der Urzeit-Endzeit-Entsprechungen – an diesem Tag die zukünftige Heilszeit zeichenhaft vergegenwärtigt werde. Allerdings zogen sie offenbar unterschiedliche Schlüsse daraus: Sollte nach Auffassung der Schriftgelehrten und Pharisäer die Sabbatfreude nicht durch Krankheit und Leid getrübt werden, sondern Anlass zur Freude und zu reichhaltigem Essen und Trinken sein, dürften für Jesus Heilungen gerade am Sabbat Ausdruck der anbrechenden Gottesherrschaft gewesen sein.[103] Es ging ihm nicht »um mutwilligen Sabbatbruch oder gar Abschaffung des Sabbats, sondern im Gegenteil um die Wiederherstellung der ursprünglichen Bestimmung des Sabbats als eines Feiertags, welcher der Schöpfung des Menschen zeitlich nachgeordnet und daher dem menschlichen Wohlergehen sachlich untergeordnet ist«[104].

Im zweiten Abschnitt (V. 7–11) hält Jesus, nachdem er beobachtet hat, wie sich die Gäste die ersten Tischplätze aussuchen, eine Gleichnisrede über das falsche (V. 8–9) und richtige (V. 10) Verhalten bei der Platzwahl: Da noch ein bedeutenderer Gast kommen und einem den Ehrenplatz streitig machen könne, solle man sich lieber an den untersten Platz setzen. Wenn der Gastgeber einen dann auffordere, weiter hinauf zu rücken, würde einem das vor allen anderen Gästen zur Ehre gereichen. Die konkret auf die Situation einer Einladung bezogene Aufforderung zum Statusverzicht mündet in V. 11 – wohl mit Blick auf die Endzeit – in der allgemeinen Schlussfolgerung, dass jeder, der sich erhöhe, erniedrigt werde, und umgekehrt jeder erhöht werde, der sich erniedrige.

Wie erwähnt, folgt in den V. 12–14 die provozierende Aufforderung Jesu an den Gastgeber, »Arme, Krüppel, Lahme und Blinde« (V. 13) einzuladen, statt die üblichen Einladungs- und Reziprozitätskonventionen zu beachten. Er werde selig sein, denn diese hätten nichts, um es ihm zu vergelten; vielmehr werde es ihm bei der Auferstehung der Gerechten vergolten werden (V. 14).

Mit der Bemerkung eines Gastes in V. 15, selig sei, wer im Reich Gottes am Mahl teilnehmen dürfe, wird die eschatologische Perspektive von V. 11 und V. 14 einmal mehr geweitet und das abschließende Gleichnis vom großen endzeitlichen Festmahl (V. 16–24) eingeleitet. Das Gleichnis bildet gleichsam eine Brücke zwischen der erzählten Welt im Haus eines führenden Pharisäers, der besprochenen Welt falschen und richtigen Verhaltens und der idealen zukünftigen Welt.[105] Ob diese Welt wirklich ideal ist, hängt, wie zu sehen sein wird, indes entscheidend davon ab, wie in der Erzählung die Rolle der Ersatzgäste gedeutet wird. Da einem Gastgeber die ursprünglich Eingeladenen (V. 16), die er sogar noch zusätzlich von einem Knecht zur Stunde des Gastmahls hat rufen lassen (V. 17), alle der Reihe nach aus unterschiedlichen, etwas fadenscheinigen Gründen abgesagt haben (V. 18–20), fordert er in seinem Zorn seinen Knecht auf, auf die Straßen und Gassen der Stadt zu gehen und – in fast gleicher Reihung wie in V. 13 – »die Armen und die Krüppel, die Blinden und die Lahmen« herzubringen (V. 21). Weil es anschließend

immer noch freie Plätze gibt (V. 22), wird der Knecht vom Hausherrn erneut auf die Wege und an die Zäune geschickt, Menschen zu zwingen, hereinzukommen, um das Haus zu füllen (V. 23). Wie viele der dritten Einladung folgen, bleibt offen. Allerdings wird, so die Schlussbemerkung des Hausherrn bzw. Jesu – die Zuordnung ist im Text nicht eindeutig –, keiner der ursprünglich Eingeladenen mehr das Gastmahl kosten (V. 24). Ohne Zweifel sprengt der lukanische Jesus in Lk 14,1–24 mehrfach den Rahmen der religiösen und gesellschaftlichen Normen und Konventionen seiner Zeit: An eine Sabbatheilung, die die Anwesenden offensichtlich sprachlos lässt, schließen sich die ebenso provokativen Aufforderungen an, als Gast auf den Ehrenplatz zu verzichten und bei der Auswahl der Gäste nicht den gewohnten Einladungs- bzw. Gegeneinladungsregeln zu folgen. Das Gleichnis vom großen Festmahl präsentiert schließlich eine restlos verkehrte Welt: Erscheint es schon wenig realistisch, dass alle eingeladenen Gäste absagen, überrascht es umso mehr, wenn wahllos Ersatzgäste von den Straßen und Wegen geholt bzw. sogar gezwungen werden sollen, die freien Plätze zu besetzen. Interessant in unseren Zusammenhang ist, dass – abgesehen von der Lektion zur richtigen Platzwahl – jedes Mal Menschen mit Behinderung oder einer unheilbaren Krankheit eine Rolle spielen, zunächst ein Wassersüchtiger, dann – neben Armen – Krüppel, Blinde und Lahme. Die entscheidende Frage ist, ob diese gleichsam funktionalisiert werden, um den LeserInnen besser die Notwendigkeit eines anderen Verhaltens vermitteln zu können, oder ob im Gegenteil damit ein auch heute beachtenswertes frühes Zeugnis für integrative Ansätze verbunden ist. Immerhin wird innerhalb des Neuen Testaments allein in Lk 14,12–24 »der Umgang mit beeinträchtig-

ten und geschädigten Menschen mit einer sozialethischen Zielsetzung thematisiert«[106]. In Frankfurt existiert sogar ein Verein mit dem Namen »Lukas 14. Integration und Kultur für Menschen mit Behinderungen e.V.«, der sein kirchlich geprägtes Engagement insbesondere aus dieser Perikope ableitet.[107]
Erwähnenswert ist noch, dass Wassersucht zwar hier das einzige Mal im Neuen Testament genannt wird, in der antiken Medizin aber ansonsten häufiger erwähnt wird. Es handelt sich dabei um eine Ansammlung von Wasser im Körper, die in unterschiedlichen Formen und Schweregraden auftreten kann und die meist mit auffälligen, teilweise entstellenden Schwellungen verbunden ist. Nach antik-ärztlicher Auffassung gilt sie als gravierende und kaum heilbare Krankheit. Aufgrund des stark erhöhten Flüssigkeitsbedarfs wird sie teilweise mit Trinksucht und metaphorisch übertragen mit Geldgier gleichgesetzt.[108]

5.2 Den Blick schärfen – Klassische Deutungsstrategien auf dem Prüfstand

Im Folgenden sollen nun Deutungsstrategien, die in der exegetischen Literatur häufig begegnen, wenn die Bibel Menschen mit Behinderung erwähnt, am Beispiel von Lk 14,1–24 genauer unter die Lupe genommen und auf ihre Tragfähigkeit hin überprüft werden.[109] Dabei geht es vor allem darum, aufzuzeigen, welche klischeehaften Differenzvorstellungen zwischen Menschen mit und ohne Behinderung, wenn auch in der Regel unbewusst, aufgegriffen und in den Text eingetragen werden und welche Wirkungsweisen damit verbunden sind.

Übersicht: Deutungsstrategien – Differenzvorstellungen – Wirkungsweisen

Deutungsstrategie	*Differenzvorstellung*	*Wirkungsweise*
Kontrastierung	Menschen mit Behinderung werden Menschen ohne Behinderung gegenübergestellt.	Betonung der Differenz
Subsumierung	Menschen mit Behinderung werden unter einer sozial isolierten Gruppe zusammengefasst.	Umdeutung der Differenz
Infantilisierung	Menschen mit Behinderung werden sämtliche Fähigkeiten und Kompetenzen abgesprochen.	Konstruktion von Hilflosigkeit
Anonymisierung	Menschen mit Behinderung werden nicht als einzelne Individuen wahrgenommen.	Missachtung der Individualität
Metaphorisierung	Menschen mit Behinderung dienen als Gegenbild zu einer heilen Wirklichkeit.	Konstruktion von Normalität
Funktionalisierung	Menschen mit Behinderung werden für Anliegen von Menschen ohne Behinderung instrumentalisiert.	Infragestellung der Würde
Stigmatisierung	Menschen mit Behinderung werden pauschal Defizite in verschiedenen Lebensbereichen zugesprochen.	Konstruktion von Defiziten
Ästhetisierung	Menschen mit Behinderung werden in einem ästhetischen Kontext zur Projektionsfläche der Defizite von Menschen ohne Behinderung.	Projektion von Defiziten
Ethisierung	Menschen mit Behinderung dienen als Aufforderung zum Engagement für Ausgegrenzte.	Scheinbare Aufhebung der Differenz
Pragmatisierung	Menschen mit Behinderung werden aufgefordert, ihr Schicksal zu akzeptieren.	Betonung der Differenz

Kontrastierung

Zieht man für die Interpretation von Lk 14,1–24 Kommentare und exegetische Aufsätze zu Rate, fällt auf, dass, ähnlich wie bei Mk 2,1–12, in der Regel versucht wird, das ungewöhnliche Verhalten Jesu bzw. die von den LeserInnen geforderte Verhaltensänderung besonders zu unterstreichen, indem Kontraste noch deutlicher konturiert werden. In der Regel bemerken die Interpreten aber nicht, dass sie damit – wohl ungewollt – die im Text genannten Menschen mit Behinderung teilweise instrumentalisieren und einmal mehr stigmatisieren, wie das folgende Beispiele aus *perikopen.de* eindrücklich zeigt, einem im Netz für alle interessierte LeserInnen zugänglichen und durchaus hilfreichen »exegetisch-theologische[n] Kommentar der Evangelientexte für die Sonntage und Hochfeste«: »Es lässt sich denken, wie provokativ, ja schockierend die aus dem Munde Jesu ergehende Aufforderung gewirkt haben muss. Damals wie heute steht eine solche Weisung allen natürlichen Wertmaßstäben entgegen: nicht nur weil Arme, Krüppel, Lahme und Blinde keine Gegeneinladung aussprechen können (14b), sondern weil solche Gäste im Gegensatz zu den herkömmlicherweise Eingeladenen an sich schon unattraktiv, ja eine ärgerliche Zumutung sind.« Die Paradoxalität dieser Weisung rechtfertige sich daher nur im Horizont einer eschatologischen Deutung und gewinne nur Sinn von der Basileia-Botschaft Jesu her. »Wer ›Arme Krüppel, Lahme und Blinde‹ einlädt, welcher Gestalt sie auch sein mögen (der menschlichen Phantasie und Sensibilität sind hier keine Grenzen gesetzt), der baut mit am Reich Gottes schon auf Erden.«[110]

Dass eine solche pauschalisierende Gegenüberstellung von Menschen mit und ohne Behinderung (ärgerliche Zumutung vs. Mitarbeiter am Reich Gottes auf Erden) Differenzvorstellungen offensichtlich weiter vertieft, braucht kaum betont zu werden. Leider handelt es sich dabei nicht um ein Einzelbespiel, vielmehr finden sich verschiedenste vergleichbare Aussagen, wie etwa: »Den vier sympathischen Gruppen, die nicht eingeladen werden sollen, stehen die vier unsympathischen gegenüber, die wir einladen sollen«[111], oder: »Nicht Freunde, Brüder, Verwandte bzw. die reichen Nachbarn soll man einladen. Sondern sozusagen den Abschaum der Gesellschaft: Bettler, Krüppel, Lahme, Blinde«[112]. Zwar lebt der Text in Lk 14,1–24 von Gegensätzen, Lukas beschreibt aber die Menschen mit Behinderungen keineswegs so, dass sich daraus die erwähnten drastischen Qualifizierungen ableiten ließen. Im Übrigen will es nicht so recht zur Erzähllogik der Perikope passen, wenn Lukas einerseits in V. 12 und V. 21 für die sonst üblichen Mahlgemeinschaften offenbar den Ausschluss von Menschen mit körperlichen Beeinträchtigungen voraussetzt – sonst müsste er nicht so deutlich deren Einladung betonen –, andererseits aber in V. 2 ein Wassersüchtiger problemlos Zutritt zum Haus des führenden Pharisäers findet bzw. von vornherein an dem dort stattfindenden Mahl teilnimmt. Zudem ist im Griechischen nicht klar, ob Jesus in V. 4 den Wassersüchtigen nach dessen Heilung ›entlässt‹ oder ob dieser ›befreit‹ (von seiner Krankheit) beim Gastmahl anwesend bleibt und den anschließenden Belehrungen Jesu folgt.

Trotz der Kontrastierungen scheint der Blick des Lukas letztlich vor allem auf die Wohlhabenden gerichtet zu sein. So spielt beispielsweise die Frage keine Rolle, was umgekehrt Krüppeln, Lahmen und Blinden bei der Auferstehung der Gerechten vergolten werden kann, um selig zu sein, wenn sie nicht in der Lage sind, andere Menschen einzuladen. Josef Venetz äußert sogar die Vermutung, dass Lukas »den Standort der Armen, Krüppel, Blinden und Lahmen nie wirklich eingenommen hat«. Vielmehr sei nicht auszuschließen, »dass das Problem des Reichtums nicht nur das der Reichen in den christlichen Gemeinden war, sondern sein eigenes Problem«. In der Konsequenz bedeute das für die Interpretation von Lk 14,12–14 aber, dass »die Erfahrungsautorität der Armen und Krüppel, der Blinden und Lahmen ins Spiel gebracht werden müsste, auch wenn dadurch die Autorität der Schrift bzw. des Lukas in arge Bedrängnis gerät«.[113]

Subsumierung

Neben oder zusammen mit solchen kontrastierenden Gegenüberstellungen finden sich weitere Deutungsstrategien, die unter einer Inklusionsperspektive nicht weniger unsensibel oder teilweise diskriminierend erscheinen. Dabei geht es, das sei hier nochmals deutlich gesagt, keineswegs darum, hinter solchen verletzenden Aussagen Absicht zu mutmaßen, sondern in erster Linie um die kritische Reflexion auch des eigenen Verständnisses. Ziel einer solchermaßen gestörten Lektüre ist es, unhinterfragte Differenzkategorien und Normalisierungskonstruktionen aufzubrechen und die LeserInnen für eine auf Vielfalt und Heterogenität hin offene Deutung zu sensibilisieren.

Da in V. 13 in der Aufzählung der eigentlich Einzuladenden zunächst die Gruppe der Armen genannt wird, führt dies in Interpretationen häufig dazu, darunter auch die anschließend angeführten Gruppen zu subsumieren. Krüppel, Lahme und Blinde fungieren in solchen Ansätzen als »adäquate Beschreibung gerade der Bettelarmen […] also all derjenigen, die aufgrund ihrer körperlichen Mängel keine Chance mehr haben, sich als Tagelöhner zu verdingen«[114]. Dabei werden sie vielfach mit Bettlern im öffentlichen Raum gleichgesetzt,[115] und das, obwohl sich drei der vier aufgezählten Begriffe explizit auf Menschen mit verschiedenen Behinderungen beziehen. Wie das Beispiel des »Lahmen im Lagerbezirk« im letzten Kapitel gezeigt hat, dürften solche Gleichsetzungen aber viel zu pauschal sein. Wie auch im Neuen Testament zu sehen ist, muss Behinderung im ersten Jahrhundert in Palästina keineswegs automatisch zur Ausgrenzung geführt haben. So wird der Mann, der nicht gehen kann, in Mk 2,3 von vier Männern getragen. Oder in Apg 9,33 wird ein Gelähmter namens Äneas erwähnt, der seit acht Jahren das Bett nicht verlassen hat, also von anderen gepflegt und unterstützt worden sein muss. Zudem ist, wie eingangs erwähnt, unser heutiger Behinderungsbegriff nicht ohne Weiteres auf die Antike zu übertragen.

Bleibt man beim Text Lk 14, fällt außerdem auf, dass in V. 13 – trotz der analogen Aufzählung wie in V. 21 – keineswegs die Rede von Menschen mit Behinderung ist, die sich auf Straßen und in Gassen der Stadt aufhalten. Lassen sich die genannten Interpretationen in ihrem Verständnis der eigentlich Einzuladenden als Bettler also ausschließlich von dem nachfolgenden Gleichnis leiten, wäre ebenso denkbar, V. 13 von der vorausgehenden Heilung eines Wassersüchtigen her (V. 2–6) zu lesen und als Hinweis auf Menschen mit körperlichen Beeinträchtigungen in der Welt der relativ Wohlhabenden zu verstehen.

Unabhängig davon, ob man die Subsumierung Behinderter unter sozial ausgegrenzte Gruppen wie Arme und Bettler bereits bei Lukas selbst durch die parallele Nennung angelegt oder erst durch spätere Interpretationen eingetragen sieht, führt eine solche Gleichsetzung nicht nur zur Reduzierung auf ein Differenzmerkmal, sondern auch zur Nivellierung der spezifischen Probleme von Menschen mit unterschiedlichen Behinderungsformen allein auf materielle Nöte.

Infantilisierung und Anonymisierung

Wie bereits am Ende des letzten Kapitels zu Mk 2,1–12 angeklungen, werden auch in Lk 14,1–24 Menschen mit Behinderung in verschiedener Hinsicht infantilisiert. Einerseits wird ihnen pauschal abgesprochen, eine Einladung erwidern zu können (V. 13). Zwar mag das gelten, wenn Menschen aufgrund ihrer Behinderung verarmt sind und daher nicht (mehr) über die entsprechenden materiellen Mittel verfügen. Für Menschen mit Behinderung, die der Schicht der relativ Wohlhabenden ange-

hören, sind aber die genannten körperlichen Einschränkungen wie Lahmheit und Blindheit kaum ein Grund, niemanden einladen zu können, zumal in den Häusern der Reicheren damals auch Sklaven zur Verfügung standen, wie die nachfolgende Parabel (V. 17.21–23) zeigt.
Dazu kommt, dass Jesus, so wie er von Lukas dargestellt wird, den Wassersüchtigen am Sabbat heilt, ohne aber vorher von ihm darum gebeten worden zu sein (V. 4), und ihn zudem mit einem Kind bzw. Tier vergleicht, das in den Brunnen gefallen ist und unmittelbar gerettet wird (V. 5). Außerdem verändert sich in der Parabel vom großen Festmahl der einladende Ton (V. 16f.) in eine autoritäre, patriarchalische Rhetorik, sobald Menschen mit Behinderung angesprochen sind: Der Hausherr lässt in seinem Zorn vom Diener Arme, Krüppel, Blinde und Lahme hereinführen (V. 21), ohne sie vorher zu fragen, oder sie schließlich sogar dazu zwingen, hereinzukommen (V. 23). In eine ähnliche Richtung weist, wenn weder der Wassersüchtige in V. 2 und V. 4 noch die Ersatzgäste in V. 21 zu Wort kommen, ganz im Gegensatz zu allen anderen Protagonisten, nämlich zu Jesus, einem Gast, dem Hausherrn, den ersten Eingeladenen und dem Knecht. Menschen mit Behinderung bleiben in Lk 14,1–24 ohne eigene Stimme und damit anonym.[116]
En passant werden ihnen selbst in neueren Kommentaren weitere Fähigkeiten abgesprochen, wenn etwa behauptet wird, in V. 7–11, der Belehrung zum rechten Verhalten als Gast, seien bereits »jene Armen, Krüppel, Lahmen, Blinden angesprochen, die nach V. 13 eingeladen werden sollen und die noch nie an einem solchen Mahl teilgenommen haben, also nicht wissen können, wie man sich dort verhält«[117].

Metaphorisierung und Funktionalisierung

Dorothee Wilhelm betrachtet Lk 14,12–14, wie einleitend zu diesem Kapitel erwähnt, als einen der behindertenfeindlichsten Texte der Bibel, da er Menschen mit Behinderung spirituell ausbeute. Wenn die »Auferstehung der Gerechten« (V. 14) so aussehe, handle es sich um eine Veranstaltung, bei der sie nicht dabei sein möge. Die Reich-Gottes-Perspektive (V. 15) sei exklusiv. Außerdem solle mit den Heilungen die Nähe des Reiches Gottes angezeigt werden; so käme zur spirituellen Ausbeutung »die Ausbeutung als Metapher« hinzu: »Unsere Körper dienen den ›Normalen‹ als Zeichen für etwas, das nicht wir sind, sie benutzen unsere Körpererfahrung, von der sie nichts verstehen und die ihnen nicht ge-

hört, für ihre Zwecke.«[118] Veränderung in der Zukunft werde nur als »Normalisierung« der Unnormalen und Verschwinden ihrer störenden Eigenschaften gedacht. Heilung geschehe im Neuen Testament nur an den Abweichenden, nicht aber an der Umgebung. »Statt Bilder aus der eigenen Körpererfahrung zu ziehen«, würden »die ›Lahmen‹, ›Blinden‹ und ›Tauben‹ zum Klischee vermeintlich klar erkennbarer körperlicher Einschränkungen, die als billiges Bildmaterial metaphorisch für eigene Prozesse benutzt«[119] würden.
Bezugnehmend auf die Äußerung von Dorothee Wilhelm sieht auch Susanne Krahe in Lk 14,13f. eine Aussage, die schlimmer sei als »eine unreflektierte Abwertung von behinderten Lebensformen«. Lukas ziehe hier letztlich nur »die Konsequenz aus der Versuchung, Behinderte als Demonstrationsobjekte zu funktionalisieren und Kapital aus ihrer Daseinsart zu schlagen«. Die religiöse, spirituelle oder moralische Degradierung der abweichenden Schwester, des anders aussehenden Bruders mache es »den Guten, Schönen und Gesunden leicht, sich selbst vor Gott und der Welt zu rechtfertigen oder gar anständig zu erhöhen«[120].
Die Tendenz, die in Lk 14,13 aufgezählten Menschen mit Behinderung bildlich zu verstehen und damit für die Endzeithoffnung auf »Normalisierung« aller Menschen zu funktionalisieren, wird dadurch unterstützt, dass auch die vorausgehende Heilung des Wassersüchtigen häufig metaphorisch interpretiert wird. Vielfach wird der Wassersüchtige in Lk 14,2–6 als bildlicher Repräsentant der im Lukasevangelium als habgierig beschriebenen Pharisäer (vgl. Lk 16,14)[121] und seine körperlichen Beeinträchtigungen als »Folge von Sünde bzw. Metapher für Sünde«[122] verstanden. Wenn in V. 2–6 der Wassersüchtige als symbolische Verkörperung eines sündhaften Lebens gelesen wird, schafft dies ebenso für die nachfolgenden Behinderungsformen einen metaphorisierenden Deutungshorizont.[123]
Die Instrumentalisierung der Krüppel, Lahmen und Blinden (V. 13.21) wird vor allem auch durch die bildliche Deutung der Parabel vom großen Festmahl (V. 16–24) bedient. ›Heilsgeschichtliche‹ Interpretationen verstehen die ursprünglich Eingeladenen beispielsweise als »die anerkannten ›Frommen‹ in Israel«[124]. Bei den ersten Ersatzgästen, die innerhalb der Stadt zum Kommen aufgefordert werden, sei hingegen an »die Sündenkranken«[125] (mit Verweis auf Lk 5,31) bzw. an Zöllner und Sünder in Israel zu denken, bei der Einladung außerhalb der Stadt an die Heiden.[126]

Aber auch wenn die Zweit- und Dritteingeladenen »nicht als allegorisches Symbol für bestimmte Gruppen«[127] gedeutet werden, werden diese dennoch immer wieder funktionalisiert, etwa mit der Aussage, sie hätten »nur die negative Funktion, den eigentlich Geladenen die Plätze wegzunehmen«[128], oder ihre Einladung illustriere »die Reaktion des Gastgebers auf das Verhalten der Erstgeladenen«[129].

Stigmatisierung und Ästhetisierung

In solchen metaphorisierenden und funktionalisierenden Deutungen ist, wie bereits mehrfach erwähnt, ein Zuschreibungsprozess erkennbar, der mit Erving Goffman als »Stigmatisierung« bezeichnet werden kann.[130] Der Begriff des Stigmas verweist bei den Griechen zunächst auf bewusst angebrachte »körperliche Zeichen, die dazu bestimmt waren, etwas Ungewöhnliches oder Schlechtes über den moralischen Zustand des Zeichenträgers zu offenbaren«. Im übertragenen Sinn konstituiert ein Stigma nach Goffman dagegen »eine Diskrepanz zwischen virtualer und aktualer sozialer Identität« einer anderen Person. Der andere »ist in unerwünschter Weise anders, als wir es antizipiert haben«. »Diejenigen, die von den jeweils in Frage stehenden Erwartungen nicht negativ abweichen«, erleben sich dagegen als die Normalen und konstruieren, wenn auch oft gedankenlos, eine Stigma-Theorie, welche die Inferiorität der Stigmatisierten erklären und die Gefährdung durch sie nachweisen soll. Häufig ist mit der Stigmatisierung ein »ganzer Assoziationshof von Überzeugungen« verbunden, etwa die Vorstellung, Blinde hätten »besondere Informationskanäle, die anderen nicht zugänglich« seien, oder die Meinung, man müsse sie »anschreien, als wären sie taub«, oder »stützen, als wären sie verkrüppelt«.[131]

Neben den bereits genannten Zuweisungen im Zusammenhang mit Lk 14,13.21 belegt zum Beispiel auch die Rede von »Habenichtsen und Unglücklichen«[132] oder von »Verachteten und Gottesfernen«[133], dass sich Interpreten immer wieder zu stigmatisierenden Assoziationen verleiten lassen, ohne zu begründen, warum die von Lukas aufgezählten Menschen mit Behinderung unglücklich oder gottesfern sein sollten. Einmal mehr zeigt sich dabei, dass Menschen ohne Behinderung Menschen mit Behinderung stigmatisieren, indem sie sie, so Dorothee Wilhelm, auf einige wenige Merkmale reduzieren und gleichzeitig eigene Ängste auf sie projizieren, ohne sie aber als Menschen wahrzunehmen, die ebenso wie sie selbst manchmal glücklich, manchmal aber auch unglücklich sind.[134]

Als eine besondere Spielart der stigmatisierenden Projektion erscheint die Ästhetisierung von Behinderung.[135] Wenn Reiche sich in hellenistischen Städten bei ihren Festen mit Bettlern und Krüppeln umgaben und Statuetten von Missgebildeten in ihre ›Wohnzimmer‹ stellten, »der extreme Kontrast zwischen der eigenen Welt der zugleich Wohlhabenden, Gesunden und Wohlgestalteten und der Gegenwelt der Armen und zudem Verkrüppelten und Häßlichen«[136] also offenbar reizte, wäre zu fragen, ob nicht auch im literarischen Zusammenhang vergleichbare Phänomene auftreten können, etwa in Wunder- und Heilungsgeschichten, zumal diese u.a. auch der »Befriedigung eines allgemeinen Unterhaltungsbedürfnisses«[137] dienen konnten. Die LeserInnen können gleichsam in einem ästhetisch ansprechenden, narrativen Kontext eigene Unzulänglichkeiten und Ängste an andere delegieren, die ohnehin durch Beeinträchtigungen gekennzeichnet sind.

Ethisierung und Pragmatisierung

Verschiedene Deutungsansätze zu Lk 14 wenden sich weniger der Frage nach der eschatologischen Bedeutung zu als der nach konkreten Konsequenzen für die Gegenwart, insbesondere mit Blick auf die Integration und Teilhabe von Menschen mit Behinderung in Kirche und Gesellschaft. Wie zu sehen war, bezeichnet sich in Frankfurt ein Behindertenverband sogar nach dieser Perikope. Die Parabel vom großen Abendmahl in Lk 14,16–24 kann beispielsweise auch in sog. Entwicklungsländern als Aufforderung an Kirche verstanden werden, sich Menschen mit Behinderungen zuzuwenden und sie als wesentlichen Teil ihrer Gemeinschaft aufzunehmen, oder als emanzipatorischer Text, der Menschen mit Behinderung einen Platz im Reich Gottes zusichert und sie damit befreien und stärken kann.[138] Ebenso wie die bereits vorgestellten Deutungsstrategien gehen allerdings auch diese Interpretationen zu Lk 14,12–24 in der Regel von der Unterscheidung zwischen Menschen mit und Menschen ohne Behinderung aus und erhoffen aus dem gegenwärtigen Engagement einen Neubeginn für die Endzeit, mit dem alle körperlichen Unterschiede aufgehoben sein werden. Trotz eines sozialethischen Anspruchs bleibt damit auch bei ethisierenden Zugängen letztlich der Normalisierungvorwurf von Dorothee Wilhelm bestehen.

Auch Ulrich Bach, dessen Ansatz im vorletzten Kapitel eingehend vorgestellt wurde, sieht eine Aufgabe bei der Interpretation neutestamentlicher Heilungserzählungen darin, Nichtbehinderte und Gesunde zu dem zu verpflichten, was sie konkret tun sollten und tun könnten, nämlich beispielsweise nach Lk 14,12–14 Unterprivilegierte gerade dann einzuladen, wenn sie sich nicht revanchieren könnten. Ziel einer Deutung könne es nicht sein, aus biblischen Texten irgendwelche hochtrabenden Ziele abzuleiten, die man weder erreichen solle noch könne.[139] Auch wenn alle Barrieren, die durch unsere Gesellschaft andere Menschen behindern würden, abgebaut würden, müssten (Schwerst-)Behinderte letztlich ihr Behindertsein akzeptieren. Die Situation, die sich nicht weiter verbessern ließe, müsse von Behinderten als »gegebene, [...] anvertraute, sinnvolle und kostbare«[140] angenommen werden. Auch er geht also implizit von der Grundannahme aus, dass zwischen behindert und nichtbehindert klar zu unterscheiden sei. Selbst bei optimaler Gestaltung aller Sozialbeziehungen und Infrastrukturen müsse ein Mensch mit Behinderung pragmatisch die je eigene Situation akzeptieren, da er letztlich nicht behindert werde, sondern behindert sei.

5.3 Der Herausforderung folgen – Konsequenzen einer gestörten Lektüre

Die am Beispiel von Lk 14 aufgezeigten klassischen Deutungsstrategien von Behinderung sind in der Regel mit Differenzvorstellungen verbunden, die ungewollt zu diskriminierenden Aussagen führen können.[141] Meist wird die negative Differenz weiter verstärkt durch Konstruktion von Defiziten und Hilflosigkeit, aber auch durch Missachtung der Individualität und Würde von Menschen mit Behinderung. Unabhängig davon, welches der vorgestellten Interpretationsmuster von Behinderung in Lk 14 welches Anliegen vertritt, gehen die meisten in ihren kontrastierenden Gegenüberstellungen von einer klaren Trennungslinie zwischen behindert und nichtbehindert aus. Selbst wenn sie Grenzziehungen aufzuweichen oder zu vermeiden suchen, setzen sie implizit oft erst recht Ab- und Ausgrenzungen voraus.

Ein erster Schritt zur Vermeidung solcher Deutungsstrategien müsste es daher sein, die gestörte Lektüre als solche wahrzunehmen. Es geht dabei um die Bewusstmachung und Dekonstruktion implizit verwendeter In-

terpretationsmuster und die Infragestellung für selbstverständlich gehaltener Voraussetzungen und Vorstellungen, etwa die Tendenz zur Metaphorisierung und Funktionalisierung von Behinderung.
Um sich nicht permanent im Dilemma der Unterscheidung zwischen Menschen mit und ohne Behinderung und den damit unbewusst verbundenen Grenzziehungen und Barrieren zu verstricken, ist daher, wie im folgenden Kapitel zu sehen ist, grundsätzlicher bei den hermeneutischen Voraussetzungen anzusetzen und nach den zugrunde gelegten Behinderungsbegriffen und -modellen zu fragen.

6. Dis/abilitykritische Hermeneutik

Die Fragestellungen der vorausgehenden Kapitel folgen, ohne es explizit genannt zu haben, einer sogenannten dis/abilitykritischen Hermeneutik, also einem Verstehenszugang, der bei der Leitkategorie ›Nicht/Behinderung‹ ansetzt. Um die Bedeutung dieses Ansatzes für die Exegese biblischer Texte erläutern zu können, sind im Folgenden wenigstens kurz die sogenannten Dis/ability Studies bzw. die Dis/ability History und ihre grundsätzlich andere Sicht auf das Phänomen Nicht/Behinderung vorzustellen. Ein wesentliches Anliegen ist es, scheinbar selbstverständliche Einschätzungen in diesem Kontext zu hinterfragen, wie etwa die Vorstellung, »Behinderung sei qualitätsmindernd und reduziere den Lebenswert«[142]. Vertreter der Dis/ability Studies betonen hingegen, »die Aufmerksamkeit auf die nahezu unendliche Spannweite der verbliebenen Möglichkeiten der betroffenen Menschen« zu richten und »nicht zentral auf die geschädigten oder nicht vorhandenen, jedoch als wichtig erachteten Merkmale«. So ist es nach Markus Dederich für Nichtbehinderte offenbar immer noch schwer zu akzeptieren, »dass das Leben von Menschen mit Behinderungen keineswegs qualitativ schlechter sein muss als dasjenige von Menschen ohne Behinderungen«.[143] Mit Blick auf die Interpretation biblischer Texte ist in diesem Zusammenhang vor allem interessant, genauer zu untersuchen, inwieweit gerade die Darstellung von Behinderung und ihre metaphorische Deutung in der Literatur solche Klischees mit hervorbringen und unterstützen. Dagegen ist mit den Dis/ability Studies von einem Menschenbild auszugehen, das nicht die Perfektibilität, sondern die Angewiesenheit und die Zerbrechlichkeit des Menschen ins Zentrum der Aufmerksamkeit rückt, ohne dabei aber die Befähigung des Einzelnen aus dem Auge zu verlieren. Am Ende des Kapitels wird zusammenfassend zu fragen sein, welche Kriterien und methodischen Schritte für eine dis/abilitykritische Lektüre biblischer Texte leitend sind.

6.1 Behinderung neu denken – Dis/ability Studies und Dis/ability History

Die sogenannten Dis/ability Studies haben sich seit den siebziger Jahren des vergangenen Jahrhunderts aus der politischen Behindertenbewegung in England und den USA entwickelt und sind seit mehr als zehn Jahren auch als Forschungsfeld an deutschen Universitäten etabliert.[144] Sie begreifen Nicht/Behinderung (dis/ability) »als eine soziokulturelle Konstruktion und gesellschaftliche Differenzkategorie«[145] (*kulturelles Modell*) im Gegensatz zu Vorstellungen, die Behinderung als eine (derzeit noch) nicht behebbare Schädigung des Körpers (*medizinisches Modell*) oder als Resultat sozialer Übereinkünfte und Barrieren (*soziales Modell*) betrachten. Die Dis/ability Studies wollen Behinderung neu denken[146] und darauf aufmerksam machen, »dass es sich bei Behinderung nicht um eine eindeutige Kategorie handelt, sondern um einen höchst komplexen, eher unscharfen Oberbegriff, der sich auf eine bunte Mischung von unterschiedlichen körperlichen, psychischen und kognitiven Merkmalen bezieht, die nichts anderes gemeinsam haben, als dass sie mit negativen Zuschreibungen wie Einschränkung, Schwäche oder Unfähigkeit verknüpft werden«[147]. Anliegen der Dis/ability Studies ist es dabei, »kulturelle, historische und gesellschaftliche Prozesse« zu untersuchen, »die unsere Wahrnehmung, unser Denken und Handeln formen, regulieren und kontrollieren«, und zwar »vor dem Hintergrund eines radikalen Perspektivwechsels«.[148] Es geht nicht um den Blick auf den »Störfall«, sondern um die Rekonstruktion der Mehrheitsgesellschaft ausgehend von der Kategorie Behinderung.[149] Differenzmerkmale wie »gesund/krank« oder »nichtbehindert/behindert« sind ebenso soziokulturelle Konstrukte wie Perfektibilitäts- oder Normalitätsvorstellungen als Gegensatz zu Abweichung, Krankheit und Behinderung und erscheinen nicht zuletzt angesichts sozial-demografischer Veränderungen in westlichen Gesellschaften zunehmend fragwürdig. Konsequenterweise kann daher nur von *temporarily abled* (»zeitweise nicht behindert«)[150], *differently abled* (»unterschiedlich befähigt«)[151] oder *embodied difference* (»verkörperte Differenz«)[152] gesprochen werden.

Die Dis/ability Studies analysieren das Phänomen Behinderung in einem betont inter- und transdisziplinären Zugang und folgen dabei vielfach einer intersektionalen Perspektive, die unterschiedliche Analysekategorien wie Behinderung, Gender, Ethnizität, Alter oder Sexualität miteinander in Beziehung setzt und dadurch Überschneidungen verschiedener Diskriminierungsformen aufdeckt. Im Kontext der sogenannten Dis/ability History, einem Teilbereich der Dis/ability Studies, findet sich erstmals die Schreibweise mit Schrägstrich, um mit dieser optischen Trennung von *dis* und *ability* »die Verschränkungen und Verknüpfungen, das Wechselspiel von ›normal‹ und ›behindert‹«[153], deutlich zu machen und zu zeigen, dass Behinderung als soziohistorische Konstruktion und damit als kontingent gedacht wird. Der Dis/ability History geht es weniger nur darum, die Klassifizierungen und Lebenslagen von Menschen mit Behinderung in der Geschichte zu untersuchen, sondern mittels der Kategorie Behinderung auf das menschliche Zusammenleben in Gesellschaften und den Umgang mit Unterschieden im Ganzen zu blicken.[154] Ziel der Dis/ability History ist es, »in historischer Tiefe differenzierte Bilder von der Konstruktion von und dem gesellschaftlichen Umgang mit Behinderungen«[155] zu entwerfen, Menschen mit Behinderungen »zunehmend als Handelnde und als Subjekte der Geschichte [...] und nicht mehr nur als Behandelte«[156] zu betrachten. Die Dis/ability History sieht in der Kategorie Behinderung ein Produkt der bürgerlichen Gesellschaft Europas seit der Aufklärung. »Tradierte Vorstellungen über den Umgang mit verkörperten Andersheiten in antiken und mittelalterlichen Gesellschaften«, wie etwa die von permanenter Vernachlässigung oder Verstoßung, werden in Frage gestellt.[157] »So seien die Bandbreite der familiären und gesellschaftlichen Reaktionen und Verhaltensweisen [...] sehr viel größer« gewesen und hätten »Sorge und Pflege ebenso [...] wie die konkrete Zuweisung sozialer und wirtschaftlicher Funktionen«[158] eingeschlossen. Diese dezidierte Infragestellung zeit- und kulturübergreifender Konstanten beim Phänomen Nicht/Behinderung und die vorrangige Wahrnehmung von Menschen mit Behinderung als Handelnde durch die Dis/ability History sollte gerade auch bei der Interpretation biblischer Texte vor der vorschnellen Übertragung gegenwärtiger Annahmen und Klischees schützen.

6.2 Metaphern kritisch reflektieren – Literarische Repräsentationsformen von Behinderung

Mit Blick auf die Deutung biblischer Texte und ihre Wirkungsgeschichte ist ausgehend von den Dis/ability Studies und der Dis/ability History vor allem der Frage nachzugehen, auf welche Weise gerade literarische Repräsentationsformen an der Hervorbringung und Verfestigung wissenschaftlicher, kultureller und sozialer Differenzvorstellungen einer Gesellschaft und damit auch an einer narrativen Konstruktion von

Behinderung als negativer Differenzkategorie beteiligt sind.[159] Wie Markus Dederich in Anlehnung an David Mitchell und Sharon Snyder[160] darstellt, tragen literarische Texte wesentlich dazu bei, »kulturelle Prozesse der Erzeugung, Aufrechterhaltung und ›Bewältigung‹ von Differenz« zu bekräftigen und »Grenzen und Übergangsbereiche zwischen Normalität und Abweichung in der Erfahrung der Leser«[161] zu konstruieren bzw. zu rekonstruieren, indem das kulturell Selbstverständliche und Normale auf der Folie des kulturell Anderen und Fremden besonders plastisch erfahrbar gemacht wird.[162]

Behinderungen werden immer wieder »für die Bildung vielfältiger Analogien und Metaphern herangezogen«. Das eigentliche Thema ist dabei nicht die Behinderung, vielmehr symbolisiert die Behinderung »etwas Abstraktes oder Allgemeines, etwa innere Ängste, zwischenmenschliche Konflikte oder soziale Probleme wie die Folgen von Krieg und Gewalt«[163]. Zugleich ist die Repräsentation von Behinderung gekennzeichnet von einer Ambivalenz zwischen »Faszination und Abscheu, Neugier und Ablehnung, Zuwendung und Ausschluss«[164]. Oft transportieren Metaphern diskriminierende psychologische, soziale oder moralische Wertungen,[165] letztlich aus der irrigen Vorstellung heraus, von einer Behinderung aus auf die durch sie nach außen hin verkörperten inneren Defekte eines Menschen schließen zu können.[166] Metaphern enthüllen und verschleiern gleichzeitig, indem sie bestimmte Züge hervorheben, andere hingegen ausblenden. Je weniger Metaphern als solche wahrgenommen werden, umso mehr können sie ihre Macht entfalten.[167]

Um die Stellvertreterfunktion behinderter Charaktere in literarischen Texten besonders deutlich zu machen, verwenden Mitchell/Snyder das Bild der »narrativen Prothese«[168]. So wie eine physische Prothese gleichermaßen auf die Behinderung und auf das Normgerechte verweise, versuche auch eine von einer Behinderung handelnde Erzählung sowohl von der Entstehung als auch »von der Auflösung, Korrektur oder dem Ausschluss einer Abweichung« zu berichten, indem sie das Geschehen deute und es »in einen kulturellen Bezugsrahmen (etwa in ein politisches Weltbild, eine Anthropologie, eine Mythologie oder Theodizee)«[169] einordne.

Allerdings können literarische Texte umgekehrt auch Gegenbilder gegen Negativbewertungen von Behinderung hervorbringen und »populäre Erwartungen an menschliches Behindertsein erschüttern, indem sie den

Prozess der Unsichtbarmachung, der stigmatisierenden Hervorhebung, der Normalisierung oder der Auslöschung unterlaufen und beispielsweise den behinderten Körper nicht als Sinnbild für andere soziale oder menschliche Probleme missbrauchen«[170].

6.3 Körper aufmerksam wahrnehmen – Anthropologie der Fragilität

Neben der kritischen Reflexion des soziokulturellen Konstrukts und der Differenzkategorie Nicht/Behinderung in der Geschichte und entsprechender Repräsentationsformen etwa in der Literatur geht es den Dis/ability Studies immer auch um die Beschreibung eines anderen Menschenbildes und einer daraus abzuleitenden Ethik des Körpers.[171] Nach Lennard J. Davis[172] ist gerade Differenz »dasjenige, was allen Menschen gemeinsam ist«[173], und es bedarf daher auch einer neuen Sicht des Körpers. Davis unterscheidet dabei drei Formen der Zuwendung zum Körper. In Abgrenzung zu einer »care of the body«, einer an den Körpernormen und Verheißungen der Werbeindustrie orientierten Pflege des eigenen Körpers und einer damit verbundenen Selbstnormalisierung, sowie einer »care for the body«, einer von der Gesundheits- und Wohlfahrtsindustrie hervorgebrachten, ökonomisierten Sorge für den Körper, gehe es um ein »caring about the body«, darum sich aufmerksam dem Körper zuzuwenden, und zwar sowohl der eigenen leiblichen Existenz als auch der des Anderen.[174] Für Markus Dederich bedeutet dieser Ansatz, dass der Körper – als eigener und anderer Leib – »zur Quelle von Wahrnehmung und Empfindung, von Genuss, Begehren und Leiden« wird, »untrennbar verwoben mit individueller Geschichte, gelebtem Leben, subjektiver Bedeutung, der Nähe zu anderen Menschen und intersubjektiver Kommunikation«. Die neue Weise des Körpergebrauchs sei mit einer Ethik der Nähe und Verantwortung verbunden und äußere sich beispielsweise darin, wie wir Körper anblicken oder berühren würden, als »Ausdruck des Respekts vor einer Existenz mit eigenen Erfahrungen, Bedürfnissen und ›Wahrheiten‹«.[175] Eine solche Zuwendung zum Körper führe in ihrer gesellschaftspolitischen Konsequenz dann auch zu einer besonderen Aufmerksamkeit für die soziale Ungleichheit gesellschaftlicher Randgruppen und zur »Kritik der Negativ-Bewertung und Diskriminierung von Menschen aufgrund körperlicher und anderer Merkmale, die als abweichend eingestuft«[176] würden. Zugleich sei von einem

Menschenbild auszugehen, »bei dem nicht mehr in der Tradition der europäischen Aufklärung einseitig Autonomie und Selbstbestimmung im Vordergrund« stünden, »sondern Aspekte wie Abhängigkeit und Angewiesenheit, Fragilität und Zerbrechlichkeit verstärkt hervortreten«[177] würden. Aus differenzphilosophischer Sicht sei damit die Vielfalt als Regelfall zu betrachten und Konzepte der Abweichung zurückzuweisen.[178]

Solche anthropologischen Ansätze finden sich nicht nur in den Dis/ability Studies, sondern auch in anderen Wissenschaftsbereichen, die sich mit Krankheit und Behinderung auseinandersetzen, zum Beispiel in der Heilpädagogik. So bezieht sich Dieter Gröschke zwar teilweise auf Erkenntnisse der Dis/ability Studies,[179] hat aber unabhängig davon eine leibphänomenologische Anthropologie entwickelt, »die sich nicht ›nach oben‹ anbiedern muss bei einer Philosophie und Anthropologie des Geistes, der Subjektivität und Vernünftigkeit«[180]. Vielmehr sei eine »Anthropologie von unten« als »eine allgemeine (universale) Anthropologie der Fragilität, der Zerbrechlichkeit und Gebrechlichkeit der conditio humana«[181] zu verstehen. Schwerbehinderte Menschen seien sowohl Platzhalter als auch Repräsentanten einer solchen Anthropologie.[182] Allerdings müsse neben der menschlichen Bedürftigkeit als Pendant auch die humane Befähigung betont werden. Das bedeute eine Abkehr von einer traditionellen Defizitorientierung hin zu Konzepten der Kompetenzorientierung und des Empowerments, also beispielsweise die Ermöglichung von Autonomie und Förderung von Selbstbefähigung.[183]

Auch die Pflegewissenschaft plädiert für eine andere Sicht auf den Menschen, und zwar für eine Ethik der Verletzbarkeit, Achtsamkeit und Wachsamkeit,[184] wenn sie zum Beispiel vom »Moment der Wahrheit«[185] spricht, der dazu zwingt, die Wirklichkeit aller Menschen genau anzuschauen und daher gerade Menschen mit Krankheit und Behinderung als Propheten für die Gesellschaft bzw. Gemeinschaft wahrzunehmen. Nach einem solchen Ansatz gilt die Sorge nicht nur der pflegebedürftigen, sondern immer auch der pflegenden Person. Der Pflegeprozess wird als ein dialogisches Geschehen verstanden, in dem immer mindestens zwei gleichberechtigte Partner involviert sind. Auch wenn in diesem Geschehen eine asymmetrische Beziehung besteht, können sich für die pflegende Person Entfaltungsmöglichkeiten ergeben, indem sie sich auf ihr Gegenüber einlässt. Ziel ist es, die Menschenwürde des/der Anderen zu achten und zu schützen. Deswegen muss eine Ethik der Verletzbarkeit um die Dimensionen der Achtsamkeit und Wachsamkeit gegenüber sich selber und dem Anderen erweitert werden.

6.4 Andere Lesarten erproben – eine dis/abilitykritische Lektüre

Im Folgenden sollen abschließend nun die wichtigsten Kriterien und methodischen Schritte einer dis/abilitykritischen Hermeneutik zusammengefasst werden, und zwar einerseits auf der Basis der vorgestellten Grundannahmen der Dis/ability Studies und andererseits in Bezug zu den in den vorausgehenden Kapiteln vorgetragenen Überlegungen. In manchen Punkten überschneidet sich die Vorgehensweise selbstverständlich mit der der klassischen historisch-kritischen Exegese, vielfach werden aber, wie bereits zu sehen war, auf Grund des spezifischen Kontextbezuges und des daraus erwachsenden inklusiven Anspruches auch deutliche Unterschiede erkennbar.

- Eine dis/abilitykritische Hermeneutik setzt – ganz im Sinne der Anforderungen an eine Exegese im 21. Jahrhundert – bei einer doppelten Kontextanalyse an. Dabei sind sowohl die biblischen Texte als auch die heutigen LeserInnen der Texte in ihren jeweiligen kulturellen, sozio-ökonomischen und situativen Bezügen ernst zu nehmen.
- Dem Anspruch der Dis/ability Studies folgend, mit Hilfe der Kategorie Nicht/Behinderung die Mehrheitsgesellschaft in den Blick zu nehmen, versteht sich eine dis/abilitykritische Hermeneutik nicht als eine kontextuelle Bibellektüre, die von der Lebenswelt einer diskriminierten Gruppe ausgeht und versucht, biblische Texte für diese zu erschließen. Der Lektürekontext der LeserInnen und InterpretInnen bestimmt sich nicht durch die partikularen Interessen einer spezifischen Gruppe, sondern durch eine für die Gesamtgesellschaft relevante Perspektive.
- Es geht um einen Lektürezugang, der mittels der hermeneutischen Leitkategorie ›dis/ability‹ implizite Exklusions- und Normalisierungstendenzen aufzudecken sucht und die LeserInnen dazu provoziert, biblische Texte konsequent aus der Perspektive eines inklusiven Anspruchs zu bedenken und zu interpretieren.
- Zugleich will eine vom Dis/ability-Diskurs geprägte Hermeneutik dazu anregen, eigene Perfektibilitätsvorstellungen und Heile-Welt-

Phantasien zu hinterfragen und eigene Haltung und eigenes Verhalten kritisch zu reflektieren. In der Konsequenz bedeutet dies auch eine andere Körperwahrnehmung und -zuwendung, nicht nur in Bezug auf die in den biblischen Texten beschriebenen Menschen, sondern auch in der Auseinandersetzung mit der eigenen konkreten Gegenwart.

- Der oben zitierte Gedanke Bachs, biblische Heilungsgeschichten würden nur richtig verstanden werden, wenn ihre Auslegung behinderte Menschen nicht kränken würde, ist insofern zu erweitern und positiv zu wenden: »Nur, wenn wir biblische Geschichten so verstehen, dass unsere Auslegung behinderte und nichtbehinderte Menschen gleichermaßen bereichert, verstehen wir sie auch für uns selbst richtig.«
- Die Annahme von zeit- und kulturübergreifenden Konstanten ist beim Phänomen Nicht/Behinderung dezidiert in Frage zu stellen und Menschen mit Behinderung vorranging als handelnde Subjekte und nicht als Behandelte wahrzunehmen.
- Bei einer dis/abilitykritischen Analyse eines biblischen Textes ist in besonderer Weise zu beachten, inwiefern Behinderungsformen als Metaphern verwendet werden und mit welcher symbolischen Bedeutung diese – eventuell auch im positiven und herrschaftskritischen Sinne – aufgeladen werden. Zudem ist die Funktion der genannten Behinderungsformen als »narrative Prothesen« im größeren literarischen Kontext zu bedenken.
- Um solche Instrumentalisierungen von Behinderungsformen in biblischen Texten aufdecken zu können, sind neben Metaphorisierungen vor allem auch Kontrastierungen, Subsumierungen und Stigmatisierungen sowie infantilisierende oder anonymisierende Aussagen zu beachten. Im Sinne einer doppelten Kontextanalyse sind aber auch solche Wertungen kritisch zu hinterfragen, die bestimmte biblische Aussagen als behindertenfeindlich einschätzen, ohne hinreichend das jeweilige kulturelle Bezugssystem zu beachten.
- Für biblische Texte sind selbstverständlich nicht nur literarische Funktionalisierungen und Bewertungen von Behinderungsformen und deren anthropologische Voraussetzungen zu erörtern. Ebenso konsequent sind die damit – meist implizit – transportierten theologischen bzw. christologischen Aussagen sowie schöpfungstheologi-

sche und soteriologische bzw. eschatologische Implikationen zu bedenken. Daraus sind dann erneut Konsequenzen für weitere Interpretationen zu ziehen und zu beachten. Das bedeutet, dass eine dis/abilitykritische Hermeneutik nicht von Anfang an in sich abgeschlossen und restlos stimmig sein kann, sondern notwendigerweise, wie andere hermeneutische Zugänge auch, im Laufe der Jahre wachsen bzw. sich auch ausdifferenzieren wird.
- Darüber hinaus ist, soweit überhaupt möglich, zu erörtern, welchen Anteil biblische Texte aufgrund ihrer kulturprägenden Kraft an der Konstruktion von Nicht/Behinderung und an negativen Differenzvorstellungen in der weiteren Wirkungsgeschichte haben bzw. gehabt haben, um eine kritiklose Übernahme und Weitertradierung aufzubrechen.

Die Notwendigkeit und Bedeutung einer dis/abilitykritischen Hermeneutik lassen sich, wie zu sehen war, insbesondere an biblischen Heilungsgeschichten aufzeigen. Bei diesem Ansatz handelt es sich aber nicht um einen ausschließlich gattungsspezifischen Zugang, sondern um eine Perspektive, die auch für andere biblische Texte höchst relevant erscheint. Um dies deutlich zu machen, soll im Folgenden zum einen die in der gängigen Exegese nur wenig beachtete Gestalt des Mefi-Boschet aus dem Ersten Testament und die literarische Funktion seiner Behinderung im Kontext der Erzählung vom Aufstieg und Fall des Hauses Davids betrachtet werden. Zum anderen werden ausgehend von der Überlieferung der Einsetzungsworte Jesu bei Paulus die Themen einer Theologie des Gebrochen-Seins und der rechten Mahlgemeinschaft behandelt werden.

7. Blick- und Machtwechsel

Um deutlich zu machen, wie sehr sich auf Grund einer dis/abilitykritischen Hermeneutik die Perspektive auf das Phänomen Nicht/Behinderung in der Bibel verändert, sollen im Folgenden zwei verschiedene Zugänge zum gleichen Thema, nämlich dem Verhältnis von David und Mefi-Boschet, dem gelähmten Enkel Sauls und Sohn Jonatans, behandelt werden. Ende der 70er Jahre des vergangenen Jahrhunderts findet sich das Thema nur ganz am Rande des von Hans-Georg Schmidt herausgegebenen Büchleins »In der Schwäche ist Kraft«[186] erwähnt. Erstmals wird hier im deutschsprachigen Raum genauer die Frage erörtert, wie Menschen mit Behinderung in der Bibel dargestellt werden. Die Autoren dieses »Kompendiums biblischer Aussagen über behinderte Menschen« wollen dabei nicht nur mögliche Antworten in einzelnen biblischen Schriften bzw. Schriftengruppen erheben, sondern vor allem eine »theologische Reflexion diakonischer Behindertenhilfe« bieten und mögliche Folgerungen für die »Arbeit am behinderten Menschen« daraus ziehen.[187] Wie unterschiedlich Anliegen und Diktion, aber auch Vorgehensweise und Ergebnisse dieser ersten Sammlung zum Thema ›Behinderung und Bibel‹ im Vergleich zu neueren Studien sind, zeigt die Konfrontation mit der 2006 erschienen Untersuchung von Jeremy Schipper »Disability Studies and the Hebrew Bible«[188]. Ging es zunächst um eine bloße Aufzählung von Menschen mit Behinderung in der Bibel und um gut gemeinte Schlussfolgerungen für die Gegenwart, wird jetzt die literarische Funktion des Phänomens Nicht/Behinderung für einzelne Texte detailliert betrachtet und die (geschichts-)theologischen Konsequenzen eingehend reflektiert.

7.1 Behinderung als Zeichen der Strafe und der besonderen Nähe Gottes (Hans-Georg Schmidt 1979)

Das Kompendium von 1979 will mit dem Motto »In der Schwäche ist Kraft« »etwas Typisches für die Wertung des behinderten Menschen in der Heiligen Schrift« zum Ausdruck bringen, nämlich »den Behinderten einerseits als von Gott Gezeichneten zu sehen, andererseits ihn in eine besondere gnädige Nähe Gottes zu bringen«.[189] Die Untersuchung gibt sich nicht nur dieses theologische Deutungsschema als Ausgangspunkt

vor, sondern versucht auch zu definieren, dass im Weiteren unter ›behindert‹ derjenige Mensch verstanden werden soll, der »wesentlich aus der in der heutigen Gesellschaftsstruktur als normal geltenden Norm herausfällt«, und zwar unter Einengung der Behinderungsarten, »die eindeutig vom medizinisch-anthropologischen Gesichtspunkt her als wesentlich von der Norm abweichend ausgegrenzt werden können«.[190]
Entsprechend dieser hermeneutischen Vorgaben analysiert Hans-Georg Schmidt u.a. auch die Samuel-, Königs- und Chronikbücher, mit dem Ergebnis, dass dort (1) Behinderung als Strafe Gottes für menschliches Fehlverhalten verstanden werden muss, wenn beispielsweise in 2 Sam 12,15 vom kranken Kind Batsebas die Rede ist – im Gegensatz zum biblischen Text wird David nicht als Vater erwähnt. (2) Voraussetzung für Genesung ist die Umkehr bzw. Reue des Betroffenen, wie etwa die Erzählung vom kranken König Hiskia zeigt, dem Jahwe auf sein tränenreiches Gebet hin weitere 15 Jahre seines Lebens schenkt (2 Kön 20,1–6). Ähnlich argumentiert Schmidt schließlich auch in Bezug auf Hanna (1 Sam 1,1–2,11) und Mefi-Boschet (2 Sam): »Die Unfruchtbarkeit für sie ist zweifellos Folge irgendeines einmal in der Familie der Hanna vorhanden gewesenen Fehlverhaltens gegenüber Gott, das Erhören der Hanna ebenso zweifelsfrei auf ihre Reue und ihr Gebet hin der Erweis göttlicher Barmherzigkeit. Ich denke, daß Gleiches etwa von dem Sohn des Jonathan gesagt werden kann, der *lahm an den Füßen* war und von David (doch wohl an Gottes Statt) begnadigt wird (2 Sam 9,3, siehe auch 9,13 und 19,27).«[191] (3) Schließlich betont Schmidt die besondere Nähe der Behinderten zu Gott, die ihnen »trotz Ablehnung im Ganzen doch den Schutz der Volksgemeinschaft«[192] garantiert. Deutlich werde das vor allem, wenn David auf seiner Flucht vor Saul dem König von Gat, Achisch, einen Wahnsinnigen vorspiele, um sich vor etwaigen Übergriffen zu schützen (1 Sam 21,13–16).
Auch wenn sich diese drei Aspekte, Behinderung als Strafe Gottes, Reue als Voraussetzung für Besserung und die besondere Nähe Behinderter zu Gott, nicht für jede Belegstelle für eine Körperbehinderung oder geistige Behinderung in 1 Sam–2 Chr aufzeigen ließen, entspreche diese Deutung, so Schmidt, der deuteronomistischen Gesamtschau, wonach das Volk trotz des Gerichts, das immer dann folge, wenn sich die Gemeinschaft von Gott abgewandt habe, erneut die Chance zur Umkehr und damit die Hoffnung auf die Gnade Gottes bekomme. Mit Hans Walter

Wolff müsse auch das Ende der Geschichte Judas, nämlich die Begnadigung des Königs Jojachin – dieser darf ähnlich wie Mefi-Boschet bei David (2 Sam 9,6–13) zeitlebens an der Tafel des Königs von Babel speisen und bekommt seinen täglichen Unterhalt (2 Kön 25,27–30) –, als »eine auf eine innere Umkehr Israels zielende Sache gesehen werden, der dann neue Gnaden und Heilssetzungen von Seiten Gottes folgen dürften«[193]. Letztlich sei aber »die Gruppe der Menschen, die aus dem Normalgefüge herausragen, theologisch nicht Gegenstand der Betrachtung [...], weder im deuteronomistischen noch im chronistischen Geschichtswerk«[194], auch wenn 21 Mal in den Samuel- und Königsbüchern und 11 Mal im chronistischen Teilwerk der Chronikbücher ein behinderter Mensch begegne.[195]

Schmidt hat vor allem ein Interesse daran, die im biblischen Text angegebenen Krankheiten und Behinderungsformen mit heutigen medizinischen Diagnosen zu verknüpfen. So deutet er beispielsweise die Todesursache des Sohnes der Schunemiterin als Gehirnschlag oder Sonnenstich (2 Kön 4,19f.). Den Schwächeanfall Sauls in 2 Sam 1,9 versteht er als »Verwirrung klarer Gedanken vor dem Tod, also eine Art beginnender Ohnmacht [...] und insofern eine Behinderung«[196].

Wichtig für »das gegenwärtige Gespräch« ist nach Schmidt zu wissen, dass Behinderte »nach dem Ergebnis der exegetischen Recherchen [...] als mehr oder weniger im Alltagsablauf lästige Elemente [auftreten]. Es ist merkwürdig, wie jemand, der wesentlich aus der Norm ausbricht, offensichtlich zu allen Zeiten negativ beurteilt wird«[197]. Wenn David vor dem König Achisch einen Wahnsinnigen mime, sei er »als Behinderter, der von der Norm wesentlich abweich[e]«, und »mit ihm jeder andere damals wie heute unerwünscht und [werde] als ausgesprochene Last empfunden«[198]. In der »heutigen säkularisierten und emanzipierten Welt« werde im Gegensatz zum Alten Israel hingegen der Aspekt der Nähe Gottes vernachlässigt: »Hier offenbart sich in der israelitischen Theologie eine grundsätzliche Offenheit, ja Bezogenheit aller aus der Norm fallenden Erscheinungen in Richtung Gotteswelt. [...] So sehr wir mit dem älteren Israel ein Normbewußtsein des ›Normalen‹ haben und danach leben; die Zusammenhänge, in die das alte Israel seine Dinge des Lebens mit Gott brachte, haben wir vielfach verlernt.«[199]

Wenn dieser erste Versuch, Behinderung in der Bibel systematisch zu erfassen, hier vergleichsweise breit dargestellt wird, geht es einerseits darum, das Anliegen in gewisser Weise als eine Pionierleistung zu würdigen, andererseits aber auch darum, deutlich zu machen, wie die aufzählende Darstellung vielfach auf eine medizinisch-diagnostische Sicht verengt wird und in keiner Weise zwischen Krankheit und Behinderung unterschieden wird. Zudem wird das paulinische Denken (göttliche Kraft in der menschlichen Schwäche) zum entscheidenden Deutungshorizont, ohne immer hinreichend auf den hermeneutischen Anspruch der behandelten Texte selbst zu achten. Wie unzureichend beispielsweise die Deutung von Behinderung als Strafe Gottes ist, lässt sich, wie im Folgenden zu sehen sein wird, gerade an der Gestalt des Mefi-Boschet aufzeigen.[200] Insgesamt wird der heutige Behinderungsbegriff als zeit- und kulturunabhängig verstanden und Menschen mit Behinderung – heute wie damals – als von der Norm abweichend und damit als lästig beschrieben, auch wenn ihnen aus einer christlich-paternalistischen Perspektive (»Arbeit am behinderten Menschen«) selbstverständlich zu helfen ist.

7.2 Behinderung als literarisches Mittel und soziales Konstrukt (Jeremy Schipper 2006)

Ganz anders dagegen geht bereits ein Vierteljahrhundert später Jeremy Schipper mit dem Thema Behinderung in der Bibel um. Er will mit seiner Dissertation »Disability Studies and the Hebrew Bible« weder einen Gesamtüberblick über diese Thematik noch etwa eine biblische Theologie der Behinderung vorlegen, zumal die Bibel seiner Auffassung nach Behinderung nicht als ein Problem präsentiere, das es zu lösen gelte.[201] Das Thema Behinderung sei nicht eine Fragestellung, die man in ein theologisches System integrieren müsse, vielmehr gehe es darum zu zeigen, dass die Darstellung von Behinderung ein integraler Bestandteil des methodischen Vorgehens des deuteronomistischen Geschichtswerkes[202] sei, um die Geschichte Israels zu theologisieren und zu reflektieren. So verändere die Geschichte Mefi-Boschets die Rhetorik vom Königtum und von der nationalen Identität im deuteronomistischen Geschichtsbild. Seine Präsenz in der David-Geschichte trage dazu bei, die Figuren um ihn herum zu konstruieren und bestimmte weltanschauliche Positionen entweder zu bestätigen oder zu hinterfragen.[203] Schipper betrachtet Behinderung in der Bibel im Gegensatz zu klassischen Darstellungen nicht als Normabweichung unter medizinischen oder sozialgeschichtlichen Gesichtspunkten, sondern als komplexes literarisches Mittel. Wie er an der Erzählung über Mefi-Boschet und David aufzuzeigen sucht, wird mittels eines Netzwerkes von Behinderungsbildern im literarischen Kontext eine simple Gegenüberstellung von Fähigkeiten und Unfähigkeiten und damit eine eindimensionale Deutung verhindert. Dagegen erweise sich Behinderung als bedeutungsvolle konzeptionelle Kategorie, um das wechselnde Glück der davidischen Dynastie und die damit verbundene nationale Identität Israels in 1 Sam bis 2 Kön darzustellen.[204] Sein Lektürezugang zur Rolle Mefi-Boschets in der Daviderzählung sei, so Jeremy Schipper, sowohl von den Biblical als auch Disability Studies geprägt, aber auch aufgrund eigener Erfahrungen mit Zerebralparese gewachsen, da es sich dabei weder um ein unveränderliches Identitätsmerkmal mit einer bestimmten gesellschaftlichen Bedeutung noch um eine transparente medizinische Diagnose handle. Zerebralparese sei hingegen ein vager Begriff, unter den verschiedenste nicht degenerative, chronische Bewegungsstörungen subsumiert würden. So habe er als Grundschüler eine Schiene am rechten Bein gehabt und sein rechter Arm sei beim Laufen merklich zusammengezogen gewesen. Je nach Kontext sei sein Arm mal als Zeichen verminderter Intelligenz, mal als Beleg für eine von der Norm abweichende sexuelle Orientierung gedeutet worden. Als Erwachsener, der nicht mehr herumgerannt sei, sei er dann zunehmend als nichtbehindert (able-bodied) wahrgenommen worden und die Gesellschaft habe seinem Körper keine übertragenen Bedeutungen mehr zugeschrieben. Diese Erfahrungen hätten ihn auch in seinem Verständnis von Behinderung als soziales Konstrukt beeinflusst und insbesondere für die Tendenz vieler Interpreten sensibilisiert, die Behinderung Mefi-Boschets metaphorisch zu verstehen.[205]

7.3 Mefi-Boschet, der an beiden Beinen gelähmte Sohn Jonatans

Mit dem Namen Merib-Baal (»Baal möge streiten« oder »Baal verteidige [meine] Sache« oder »Mein Herr ist Baal.«) – bzw. dessen Deformation zu Mefi-Boschet (»aus dem Mund von Schande« oder »aus dem Mund [kommt] Schande«), um den anstößigen Gottesnamen Baal zu vermeiden – wird im zweiten Buch Samuel nur ein einziges Mal ein Sohn Sauls (2 Sam 21,8), sonst aber immer der Sohn Jonatans, also ein Enkel Sauls, bezeichnet.[206] Er begegnet in 2 Sam fünf Mal, in 2 Sam 4,4 und 2 Sam 21,7 und vor allem in der sogenannten Thronfolgegeschichte (2 Sam 9,1 – 1 Kön 2,46)[207], in 2 Sam 9,6–13, 2 Sam 16,1–4 und 2 Sam 19,25–31. Außerdem wird er noch in 1 Chr 8,34 und 1 Chr 9,40 genannt.[208]

In 2 Sam 4,4 wird Mefi-Boschet erstmals erwähnt und die LeserInnen erfahren, dass er an beiden Beinen gelähmt ist, da er als Fünfjähriger von seiner Amme in der Eile der Flucht fallen gelassen wurde, nachdem die Nachricht vom Tod Sauls und Jonatans eingetroffen war. »[U]m Jonatans willen« (2 Sam 9,1.7) lässt David schließlich nach Überlebenden aus dem Hause Sauls suchen und Mefi-Boschet aus dem Haus Machirs, des Sohnes Ammiëls, in Lo-Dabar nach Jerusalem holen (2 Sam 9,1–5). Er verspricht, ihm nicht nur alle Felder seines Großvaters Saul zurückzugeben (2 Sam 9,7), sondern gewährt ihm – in vierfacher Wiederholung (2 Sam 9,7.10.11.13) – das Privileg, zeitlebens am Tisch des Königs zu speisen. Als Reaktion wirft sich Mefi-Boschet mit den Worten vor David nieder: »Was ist dein Knecht, dass du dich einem toten Hund zuwendest, wie ich es bin?« (2 Sam 9,8) Zwei Mal wird in diesem Kontext nochmals explizit erwähnt, dass Mefi-Boschet an beiden Beinen gelähmt ist (2 Sam 9,3.13).

Später in 2 Sam 16,1–4 wird Mefi-Boschet von seinem Knecht Ziba gegenüber David verleumdet, die Königsherrschaft an sich reißen zu wollen, da er in Jerusalem geblieben sei, während David vor seinem Sohn Abschalom hätte fliehen müssen. Da Ziba David hingegen mit einem Paar gesattelter und mit Nahrungsmitteln beladener Esel unterstützt, überträgt ihm dieser den gesamten Besitz Mefi-Boschets. Erst nachdem David den Aufstand niederschlagen und nach Jerusalem zurückkehren kann, kommt es in 2 Sam 19,25–31 zu einer erneuten Begegnung zwischen David und Mefi-Boschet, bei der dieser beteuert, von seinem Knecht hintergangen worden zu sein. Eigentlich habe er die Eselin für sich satteln lassen wollen, da er gelähmt sei (2 Sam 19,27). David teilt daraufhin den Besitz zwischen Mefi-Boschet und Ziba auf, ohne dass aber klar wird, wer von den beiden eigentlich Recht gehabt hat. Mefi-Boschet verzichtet sogar auf seinen Teil, da es ihm, wie er betont, allein wichtig sei, dass der König wohlbehalten nach Jerusalem zurückgekehrt sei (2 Sam 19,31).

7.4 Aufstieg und Fall des Hauses Davids

Jeremy Schipper wird nicht müde, in seiner Untersuchung immer wieder hervorzuheben, dass die David-Geschichte offenbar weder ein Interesse an einer genauen, kontextualisierten Darstellung der Behinderung Mefi-Boschets noch an einer einfachen Kontrastierung der beiden Gestalten David und Mefi-Boschet habe, sondern es ihr darum gehe, die Behinderung zu dekontextualisieren und in den größeren Kontrast zwischen dem »›fit‹ body« des Hauses Davids und dem »›unfit‹ body« des Hauses Sauls hineinzukomponieren.[209] Ebenso wenig wie Mefi-Boschet allein das Behinderungsmotiv repräsentiere und lediglich ein ideologisches Werkzeug sei, könne in David nur eine einfache, unkomplizierte Verkörperung des Königsideals des Alten Orients gesehen werde. Seine Darstellung ergebe sich vielmehr aus einer komplexen Interaktion teilweise widersprüchlicher Ansichten über das Königtum.[210] So werde David beispielsweise einerseits als der jüngste und unerfahrenste unter seinen Brüdern dargestellt (1 Sam 16,11; 17,14.38f.) und Samuel werde auf der Suche nach dem, den er salben solle, von JHWH angewiesen, nicht auf das Äußere und eine stattliche Gestalt zu achten, da der Herr auf das Herz und nicht auf das blicke, worauf Menschen schauen würden (1 Sam 16,7). Andererseits verkörpere David durchaus die kulturellen Erwartungen an den zukünftigen König, wenn in 1 Sam 16,18 von ihm gesagt werde, dass er es verstehe, die Zither zu spielen, dass er tapfer und ein guter Krieger sowie wortgewandt und von schöner Gestalt sei und dass vor allem der Herr mit ihm sei.[211]

Männer, die den kulturellen Erwartungen entsprächen und als stattlich und gutaussehend beschrieben würden, wie der Bruder Davids, Eliab (1 Sam 16,6), oder zwei der Söhne Davids, Abschalom (2 Sam 14,25) und Adonija (1 Kön 1,6), würden dagegen nicht zu Königen werden. Sie würden aber ebenso wie verschiedene als schön und körperlich attraktiv beschriebene Frauen aus dem Haus Davids, etwa seine Tochter Tamar (2 Sam 13,1) und eine Enkelin mit gleichem Namen oder seine Frauen Abigajil (1 Sam 25,3) und Batseba (2 Sam 11,2), dazu beitragen, dass das davidische Haus kollektiv als zunehmend geeignet für die Herrschaft erscheine, auch wenn kein Mitglied des davidischen Hauses allein das Königsideal vollständig erfülle.[212]

Verstärkt werde dieser Eindruck durch den Vergleich mit anderen Gruppen zu Beginn des zweiten Samuelbuches. So wird David nach dem

Tod Sauls und Jonatans (1 Sam 31) vom Volk Juda zum König gesalbt (2 Sam 2,4.7), zeitgleich aber auch der Sohn Sauls, Isch-Boschet (Eschbaal), von Sauls General Abner zum König über Israel gemacht (2 Sam 2,8–10a). Dies führt unweigerlich zum Konflikt zwischen beiden Häusern (2 Sam 2,12ff.), der in 2 Sam 3,1 programmatisch zusammengefasst wird: »Der Krieg zwischen dem Haus Saul und dem Haus David zog sich lange hin. David wurde immer stärker, während das Haus Saul immer schwächer wurde.«[213] Im Folgenden werde, so Schipper, der Kontrast zwischen den beiden Häusern weiter mittels Bildern der Stärke und Schwäche entfaltet. Zugleich versuche David, sich von einer Mitverantwortung am Tod potenzieller Gegner zu distanzieren, indem er beispielsweise das Haus seines Generals Joab, nachdem dieser Abner ermordet habe (2 Sam 3,27), in 2 Sam 3,29 mit den Worten verfluche: »Immer soll es in Joabs Familie Menschen geben, die an Blutungen und Aussatz leiden, die an Krücken gehen, durch das Schwert umkommen und denen es an Brot mangelt.« Die aufgezählten Behinderungen würden auch hier dazu dienen, das davidische Haus im Kontrast zu anderen Häusern weiter zu profilieren.[214]

In ähnlicher Weise würde die Behinderungsmetaphorik in 2 Sam 4, und zwar am Beispiel der männlichen Nachkommen Sauls, David und sein Königtum weiter festigen: So würden die Mutlosigkeit und der fehlende militärische Erfolg Isch-Boschets mit seinen kraftlosen Händen umschrieben (2 Sam 4,1) und wenige Verse später die verkrüppelten Füße Mefi-Boschets (2 Sam 4,4) hervorgehoben werden.

Nach der unmittelbar darauf folgenden hinterhältigen Ermordung Isch-Boschets (2 Sam 4,5–8), die David wiederum verurteilt und grausam rächen lässt (2 Sam 4,9–11), wird David zum König über ganz Israel und Juda (2 Sam 5,1–5). Mit der Eroberung Jerusalems in 2 Sam 5,6–8 wird nun erstmals Zion in die David-Geschichte eingeführt. Auch dieser für Israel so wichtige Identitätsmarker werde, wie Schipper unterstreicht, mit der Behinderungsmetaphorik verknüpft: Würden die Jebusiter zunächst noch darüber spotten, dass selbst Blinde und Lahme David davon abhalten könnten, in die Stadt Jerusalem einzudringen (2 Sam 5,6), betone David nach der Eroberung (2 Sam 5,7), dass ihm in seiner Seele Lahme und Blinde verhasst seien (2 Sam 5,8a). Noch im gleichen Vers würden nicht nur seine Gegner mit Behinderungsbildern gekennzeichnet werden, sondern alle die, die sich außerhalb Zions befänden, wenn

festgestellt werde: »Daher sagt man: Ein Blinder und ein Lahmer kommt nicht ins Haus.« (2 Sam 5,8b)
Nachdem David zusammen mit dem ganzen Haus Israel die Lade nach Jerusalem gebracht (2 Sam 6,12–19) und mit Hingabe vor JHWH getanzt hat (2 Sam 6,14), seine Frau Michal, die hier ausschließlich als Tochter Sauls bezeichnet wird (2 Sam 6,16.20.23), ihm aber vorwirft, er habe sich vor seinen Sklavinnen und Sklaven entblößt (2 Sam 6,20),[215] betont David erneut seine Erwählung durch JHWH im Gegensatz zu Saul und dessen ganzem Haus (2 Sam 6,21; vgl. 2 Sam 3,1). Die abschließende Erwähnung der Kinderlosigkeit Michals bis zu ihrem Tod (2 Sam 6,23) versteht Schipper als Hinweis auf ihre Unfruchtbarkeit und damit wiederum als eine dem Aufstieg des Hauses Davids kontrastiv gegenübergestellte Behinderung,[216] da Michal kurz vorher als letzte Person vorgestellt werde, die die Etablierung Davids als König bekämpfe (2 Sam 6,16: »[U]nd als sie sah, wie der König David vor dem HERRN hüpfte und tanzte, verachtete sie ihn in ihrem Herzen.«), und unmittelbar anschließend hervorgehoben werde, dass David nun in seinem Haus wohne und JHWH ihm Ruhe vor allen seinen Feinden verschafft habe (2 Sam 7,1).[217]
Der Teil der David-Geschichte, der von seinem Aufstieg zur Macht und vom Abstieg des Hauses Sauls berichte (vgl. 2 Sam 3,1; 6,21), kulminiere in der Begegnung Mefi-Boschets und Davids in 2 Sam 9. Insgesamt lasse sich für den Aufstieg Davids feststellen, dass die Ansammlung von Bildern der Schönheit und der körperlichen Ideale, wie sie der Königsideologie des Alten Orients entsprächen, mit Mitgliedern des Hauses Davids verknüpft werde und auf eine Häufung der Behinderungsmetaphorik folge, die dagegen mit Mitgliedern aus unterschiedlichen oppositionellen Gruppen, insbesondere aus dem Haus Sauls, verbunden sei. Die diversen Repräsentationen von Behinderung dienten ähnlich wie in anderen kulturellen und literarischen Kontexten als ein Mittel, um Unterschiede zwischen Menschen, die eigentlich völlig verschieden seien, zu minimieren und diese in eine einzige Gruppe der ›Anderen‹ zu subsumieren, als Gegenüber zu einem normativen ›Wir‹.[218]
Bei genauerer Betrachtung besitze aber jeder Körper bei weitem mehr Eigenschaften als nur ›normal‹ oder ›unnormal‹. Auch im Laufe der Figurenentwicklung der David-Geschichte würden weder Mefi-Boschet noch David statische und dauerhafte Symbole für Behinderung bzw. Königsideale bleiben. Der Kontrast zwischen den beiden funktioniere

nur, wenn sich die Leserin/der Leser allein auf die Eigenschaften ›Behinderung‹ und ›Ideal‹ fokussiere und dabei die sich überschneidenden Qualitäten und Motive, an denen beide, David und Mefi-Boschet, Anteil hätten, übersehe. Einerseits verstärke Mefi-Boschet zwar die Opposition, andererseits stelle er sie aber zugleich in Frage, wie sich in der weiteren Geschichte zeige.[219] Letztlich gehe es, wie bereits erwähnt, darum, das wechselnde Glück der davidischen Dynastie und die damit verbundene nationale Identität Israels in 1 Sam bis 2 Kön darzustellen und mittels der Kategorie Behinderung zu unterstreichen.

Wie der anfängliche Kontrast der David-Geschichte aufgebrochen wird, zeige beispielsweise der auf Jerusalem bezogene Gebrauch der Behinderungsmetaphorik. Würden zunächst die Menschen außerhalb Jerusalems mit Bildern der Behinderung verknüpft (vgl. 2 Sam 4,4; 5,6–8) und ihnen das Glück derer gegenübergestellt werden, die sich innerhalb Jerusalems befänden, wende sich nun das Blatt. Sei in 2 Sam 5,8 noch klar gewesen, dass Blinde und Lahme nicht in Jerusalem sein dürften, werde jetzt in 2 Sam 9 erstmals der Begriff der Lähmung wieder aufgegriffen und deutlich gemacht, dass Mefi-Boschet – mit erneuter Betonung seiner Lähmung an beiden Füßen – in Jerusalem bleiben und zeit seines Lebens am Tisch des Königs speisen werde (2 Sam 9,13). Die Ironie geht nach Schipper sogar noch weiter, wenn David während des Absalom-Aufstandes (2 Sam 15–18) außerhalb Jerusalems im Exil weile, Mefi-Boschet hingegen innerhalb der Stadt lebe (2 Sam 6,13). Habe die Rhetorik der Behinderung und der körperlichen Schwäche zunächst David von anderen unterschieden, helfe sie jetzt, den zunehmenden Verlust seiner Macht zu unterstreichen. Im Laufe der weiteren Erzählung würden die Figuren Davids und Mefi-Boschets immer stärker gegeneinander verschwimmen und der eine werde regelrecht zum Double des anderen, wenn beispielsweise nicht nur von Mefi-Boschet ausgesagt werde, dass er aufgrund seiner Lähmung nicht mit in den Krieg ziehen könne (2 Sam 19,25), sondern nun häufiger auch von David (2 Sam 11,1; 18,2f.; 21,15–17), ein Motiv, das ihn zunehmend für das Königtum disqualifiziere.[220]

Selbst nach dem Tod Davids (1 Kön 2,5–9) bleibe in den Königsbüchern der Schatten Mefi-Boschets präsent. Ohne ihn explizit zu erwähnen, würden bestimmte Themen und Motive, mittels derer er in 2 Sam charakterisiert worden sei, wiederholt werden. So werde beispielsweise Davids Sohn Salomon in 1 Kön 11,11ff. um seines Vaters willen verschont, wie einst Mefi-Boschet um Jonatans willen verschont worden sei (2 Sam 9,7). Nach 2 Kön 25,8–21 werde König Zidkija – gleichsam als Umkehrung des Schicksals Mefi-Boschets (2 Sam 9) – geblendet und aus Jerusalem verschleppt. Ähnlich wie Mefi-Boschet als einziger Saulide überlebt (2 Sam 21,7; vgl. auch seine Nachkommen in 1 Chr 9,40ff.) und zeitlebens am Tische des Königs David gespeist habe (2 Sam 9,7.13), werde auch der letzte König Judas, Jojachin, begnadigt und bekomme vom König von Babel einen lebenslangen Unterhalt gewährt (2 Kön 25,27–30). Bedenke man die Verwerfung des Hauses Sauls und seine in wichtigen Punkten zum Haus Davids parallel verlaufende Entwicklung, gehe es, so Schipper, in dieser Schlusserzählung der Königsbücher wohl kaum um die Hoffnung auf Wiederherstellung des Königtums, sondern darum zu zeigen, dass es auch jenseits des Königtums eine Zukunft gebe und ebenso im Exil ein Überleben des Geschlechts und damit des Volkes möglich sei. Gerade indem die Geschichte der davidischen Königsherrschaft mit Mefi-Boschet und Bildern der körperlichen Behinderung und Schwäche verknüpft werde und dadurch mittels Kontrast und Überschneidungen vielschichtige Figuren und Motive entwickelt und auch wieder gebrochen werden könnten, könne das deuteronomistische Geschichtswerk der komplexen Frage, was Israel ausmache, und den verschiedenen Positionen in diesem Identitätsdiskurs gerecht werden. Die Kombination von Figuren und Bildern werde so zum Korrektiv für einen einseitigen Reflexionszugang, der meine, die Identität Israels definitiv interpretieren zu können.[221]

Schipper stellt abschließend die berechtigte Frage, was sich angesichts einer solchen Komplexität dann überhaupt über die Identität Israels aussagen lasse. Werde die Vorstellung von Israel nicht so dehnbar, dass sie letztlich bedeutungslos werde und Gefahr laufe, verzweckt zu werden? Gegen abstrakte Versuche, ein interpretatives Zentrum des deuteronomistischen Geschichtswerkes bestimmen zu wollen, wie etwa das oben erwähnte, von Hans Walter Wolff angenommene Motiv der Notwendigkeit der Umkehr Israels und der daraus erwachsenden Gnade Gottes, stellt Schipper das Netzwerk konkreter, mehrdimensionaler Personen, die durch ihre persönlichen, politischen und theologischen Beziehungen sowie ihre Erfolge und Niederlagen sehr viel eher die Spannungen und Strömungen in Israel wiedergeben könnten. So lasse es die Präsenz Mefi-Boschets in der Geschichte nicht zu, einfach zwischen Insidern und

Outsidern Israels zu unterscheiden, und die mit ihm verbundenen Behinderungsbilder verkörperten das wechselnde Schicksal der davidischen Dynastie und damit die Grenzen und Möglichkeiten Israels. Mit Hinweis auf David Mitchell und Sharon Snyder macht Jeremy Schipper deutlich, dass es ihm in seiner Studie nicht etwa um Integration oder Inklusion von Menschen mit Behinderung in den kulturellen Mainstream auf der Basis biblischer Garanten gehe, sondern darum zu zeigen, dass die Behinderungsmetaphorik als komplexes Motiv einen integralen Anteil übernehme, wie das deuteronomistische Geschichtswerk in 1 Sam – 2 Kön die nationale Identität Israels in ihrer Komplexität verstehe, organisiere und interpretiere. Die Erzählung biete also keine einfachen Lösungen, vielmehr ermögliche sie zukünftigen LeserInnen den Raum und die Offenheit, angesichts jeweiliger kultureller Bedingungen und eigener Ansprüche bestimmen zu können, was es bedeute, Israel zu sein.[222]

Das Vorgehen und die Ergebnisse der Studie Jeremy Schippers wurden bewusst ausführlicher nachgezeichnet, um verständlicher machen zu können, welche Konsequenzen aus Überlegungen der Dis/ability Studies, Behinderung als sozialkulturelles Konstrukt und gesellschaftliche Differenzkategorie zu verstehen, für die Interpretation literarischer Repräsentationsformen von Behinderung auch in biblischen Texte erwachsen können. Im Gegensatz etwa zu dem Ansatz von Hans-Georg Schmidt wird deutlich, dass Menschen mit Behinderung in der Bibel ebenso wenig eindimensional zu interpretieren sind wie der biblische Kontext, in dem sie erwähnt werden. Vielmehr begegnet uns mit der Gestalt Mefi-Boschets ein Netzwerk an Behinderungsbildern, das, vergleichbar mit literarischen Beispielen der Moderne, wiederum verstrickt ist in eine komplexe Entwicklung anderer Figuren. Dies muss konsequenterweise zu einem rezeptionsästhetischen, an den LeserInnen orientierten und daher unabgeschlossenen Prozess des Theologisierens und zur Relativierung eindimensionaler Interpretationslösungen führen.

8. Fragilität und Gemeinschaft

Die Bedeutung einer dis/abilitykritischen Hermeneutik für die Interpretation biblischer Texte lässt sich im Neuen Testament nicht nur an den Heilungserzählungen, sondern auch an folgendem Beispiel aus den Paulusbriefen sehr gut aufzeigen. Paulus entwirft im 1. Korintherbrief für die Gemeinschaft der Gläubigen das Bild vom Leib Christi, um die Einheit der Vielen gerade in ihrer Verschiedenheit zu beschreiben (1 Kor 10,17; 12,12.27).[223] Diese Metapher wird bis heute aufgegriffen, um das Wesen der Kirche zu bestimmen, prominent etwa in der Kirchenkonstitution *Lumen gentium* des Zweiten Vatikanischen Konzils (LG 7): »Beim Brechen des eucharistischen Brotes erhalten wir wirklich Anteil am Leib des Herrn und werden zur Gemeinschaft mit ihm und untereinander erhoben. ›Denn ein Brot, ein Leib sind wir, die Vielen, alle, die an dem einen Brote teilhaben‹ (1 Kor 10,17).«[224]

Nicht nur in *Lumen gentium*, sondern auch in aktuellen ekklesiologischen Entwürfen[225] bleibt in der Regel aber unerwähnt, wie in diesem Zusammenhang 1 Kor 11,29f. zu verstehen ist. Paulus betont in diesen Versen entschieden, dass sich in der Gemeinde von Korinth die TeilnehmerInnen am Herrenmahl das Gericht essen und trinken würden, wenn sie nicht den Leib unterscheiden würden (V. 29), und dass deswegen unter ihnen »viele schwach und krank und nicht wenige [...] schon entschlafen« seien (V. 30). Auch in der Liturgie werden die beiden Verse bzw. der sie umgebende Abschnitt 1 Kor 11,27–34 nie gelesen.[226] Erscheint eine solche Argumentation heute doch weitgehend befremdlich, da sie in der Konsequenz bedeutet, Krankheit und Schwäche sowie Tod seien Ausdruck oder sogar Folge von Problemen in der Gemeinde, insbesondere einer fehlenden Unterscheidung des Leibes. Umgekehrt lesen wir später in 1 Kor 12,22, für die Einheit der Gemeinschaft seien »gerade die schwächer scheinenden Glieder des Leibes« unentbehrlich.

Aus der Spannung zwischen diesen beiden Pauluszitaten stellt sich für die folgenden Überlegungen zunächst die Leitfrage, welche Bedeutung kranke und eingeschränkte Menschen nach Paulus für die Gemeinschaft der Gläubigen in Korinth eigentlich haben. Versteht er sie als einen Verweis auf das Gebrochen-Sein der Gemeinschaft, das es in der Gegenwart durch tätige Nächstenliebe zu lindern gilt, das aber für die zukünftige Heilszeit als endgültig überwindbar erhofft wird? Oder sind sie gerade in ihrem Gebrochen-Sein konstitutiv für die Gemeinschaft des gebrochenen und auferstandenen Leibes Christi? In einem zweiten Schritt sind die theologischen Konsequenzen aus diesen Überlegungen – auch im Kontext des paulinischen Körperverständnisses – zu bedenken. So sieht der 2015 verstorbene John M. Hull etwa die Möglichkeit, daraus regelrecht eine »Theologie des Gebrochen-Seins« bzw. eine »Theologie der Behinderung« zu entwickeln. Verfolgt man einen solchen Ansatz weiter, ergibt sich nicht nur eine besondere Bedeutung von Menschen mit Einschränkung und Behinderung für die Kirche von heute, sondern überhaupt ein anderes Verständnis von Gemeinschaft.

8.1 Wertschätzung des Leibes – Schwache und Kranke in 1 Kor 11,29f.

Die Rede von der fehlenden »Unterscheidung des Leibes« in 1 Kor 11,29 erschließt sich zunächst aus dem Kontext des 1. Korintherbriefes, insbesondere von 1 Kor 10,16f. und 1 Kor 12,12ff. her.[227] Leitthema des Briefes ist die Ermahnung zur Einheit der Gemeinde, die aufgrund verschiedener Konflikte auseinanderzubrechen droht. Eine Ursache sind Spaltungen und Parteiungen beim Herrenmahl (11,17–34), die die Gemeinschaft gefährden. Man trifft sich offenbar zu einem gemeinsamen Essen in einem Raum, jeder bringt seine eigenen Speisen mit, teilt diese aber nicht mit denen, die weniger oder gar nichts haben. Die einen bleiben hungrig, während die anderen betrunken sind (V. 21). Die Reichen beschämen die Armen und heben durch »Individualmähler«[228] die eigentlich intendierte Gemeinschaft des Herrenmahls auf. Nachdem Paulus in V. 17–22 das Ausgangsproblem rekonstruiert hat, begründet er seine Position in V. 23–32 theologisch und empfiehlt in V. 33f. der korinthischen Gemeinde als Lösung, die mitgebrachten Speisen zu teilen und sich gegenseitig zu bewirten. Die Begründung in V. 23–32 setzt sich aus den Einsetzungsworten Jesu beim letzten Abendmahl (V. 23–25), dem Hinweis, dass das Mahl immer auch die Verkündigung des Todes Jesu beinhaltet (V. 26), und der Aufforderung zur »Unterscheidung des Leibes« (V. 27–32) zusammen:

»(27) Folglich: Wer auf unwürdige Weise das Brot isst oder den Becher des Herrn trinkt, ist schuldig am Leib und am Blut des Herrn. (28) Es prüfe aber jedermann sich selbst und so esse er von dem Brot und trinke aus dem Becher; (29) denn wer isst und trinkt, isst und trinkt sich das Gericht, wenn er den Leib nicht unterscheidet. (30) Deshalb (gibt es) unter euch viele Schwache und Kranke, und etliche sind entschlafen. (31) Wenn wir aber uns beurteilten, würden wir nicht gerichtet; (32) wenn wir freilich gerichtet werden, werden wir vom Herrn gezüchtigt, damit wir nicht mit der Welt verurteilt werden.«[229]

Bereits in Kapitel 10 warnt Paulus davor, die Einheit des eigenen Mahles durch die Teilnahme an paganen Kultmählern zu gefährden (V. 14–22), und begründet dies mit der rhetorischen Frage, ob der Segensbecher nicht Teilhabe am Blut Christi und das Brot, das wir brechen, nicht Teilhabe am Leib Christi seien (V. 16). Weiter betont er in V. 17: »Weil (es) *ein* Brot (ist), sind wir vielen *ein* Leib, denn alle haben wir an diesem einen Brot teil.«[230] Auch in Kapitel 12 argumentiert Paulus mit der bekannten Leib-Glieder-Metaphorik sowohl christologisch als auch ekklesiologisch. Da die Gemeinde Leib Christi ist, ist jede/r Einzelne ein Glied an ihm (V. 27); »wenn ein Glied leidet, leiden alle Glieder mit« (V. 26a).

Die Unterscheidung des Leibes in 1 Kor 11,29 ist im Kontext von 1 Kor 10–12 damit nicht nur »auf den Respekt vor der sakramentalen Qualität der Mahlelemente als ›Leib Christi‹«[231] zu beziehen, sondern vor allem auf die Gemeinschaft der Esser als »ein Leib« und ihre korporative Einheit, die es zu wahren gilt. Wer beim Sättigungsmahl »den anderen Gliedern des Leibes keine Achtung entgegenbringt, da er sich beim Mahl absondert, sie also nicht nur unbeachtet, sondern auch ungeachtet läßt«, und »in dieser Haltung dann die Eucharistie zu sich nimmt«[232], der isst und trinkt sich das Gericht. Das auf den Leib bezogene Verb in V. 29b bezeichnet daher wohl nicht ein Unterscheiden im eigentlichen Sinne, zumal nicht gesagt wird, wovon der Leib – etwa von gewöhnlicher Speise – nicht unterschieden wird. Vielmehr geht es um eine Wertschätzung des Leibes.[233] Auch wenn sich diese Achtung des Leibes auf Grund des übergreifenden Zusammenhangs zunächst auf den Leib der Gemeinschaft und den Leib Christi bezieht, könnte ebenso an eine Achtsamkeit gegenüber dem Leib des/der Anderen oder auch gegenüber dem eigenen Leib gedacht sein.[234] Zum einen wendet sich Paulus nämlich im unmittelbaren Kontext vor und nach dieser Aussage an die Einzelne/den Einzelnen in der Gemeinde, wenn er in V. 28 dazu auffordert, jeder (wörtlich: ein Mensch) solle sich prüfen. Insbesondere in V. 29 ist der einzelne Essende und Trinkende angesprochen, und auch V. 31 verwendet eine zu

V. 29b parallele Formulierung, die die Notwendigkeit der Selbstbeurteilung unterstreicht. Zum andern leiden nach 1 Kor 12,26 immer alle Glieder, wenn ein einzelnes Glied leidet.

Ebenso wenig wie in V. 29b eindeutig zu entscheiden ist, ob die Wertschätzung des Leibes christologisch auf den Leib Christi bezogen ist oder/und ekklesiologisch auf den Leib der Gemeinschaft oder/und sogar individuell auf den Leib der/des Einzelnen, lässt sich in V. 30 genau bestimmen, wer mit den Genannten gemeint ist. Handelt es sich im wörtlichen Sinn um viele Schwache, Kranke und Tote[235] oder im übertragenen Sinne – zumindest in Bezug auf die beiden ersten Gruppen – um die sozial Unvermögenden und Schwachen[236]? Schließlich könnten auch – ebenfalls in einer metaphorischen Bedeutung – viele (geistlich) Schwache und Kraftlose und so manche, die schlafen, angesprochen sein.[237]

Bei einem wörtlichen Verständnis ergeben sich mindestens zwei Probleme. Selbst wenn man davon ausgehen will, körperliche Krankheiten sollten als zeitliche Strafe zur Besserung der Betroffenen dienen, mag diese Sichtweise bei der dritten Gruppe, also denen, die bereits gestorben sind, nicht so recht überzeugen. Eine kurzschlüssige Umkehrung der Aussage, wonach die Kranken und Toten diejenigen seien, die das Mahl unwürdig gefeiert hätten, wird in der Literatur heute ohnehin dezidiert zurückgewiesen.[238] Erschreckend ist allerdings, dass eine solche Verdrehung der paulinischen Argumentation in der Wirkungsgeschichte des Textes zum Ausschluss von Menschen mit Krankheit und Behinderung vom Gottesdienst und von der Eucharistie- bzw. Abendmahlfeier geführt hat und diese »sodann im Licht von Vers 29 wiederum als Sünder gekennzeichnet«[239] wurden. Ein zweites Problem stellt sich bei einem wörtlichen Verständnis aufgrund der sozialen Verhältnisse. Angesichts der antiken Ernährungs- und Hygienebedingungen dürften Schwache und Kranke insbesondere in der ärmeren Bevölkerung zu finden gewesen sein. Damit würden nach V. 30 aber gerade diejenigen bestraft werden, die ohnehin vom sozialen Ungleichgewicht beim Herrenmahl betroffen sind.[240]

Geht man im übertragenen Sinn von sozial Unvermögenden und Schwachen aus, wären diese die sichtbare Folge in einer Gemeinde, die eben nicht *ein* Leib ist und diesen entsprechend achtet (V. 29), sondern »gesellschaftlich etablierte Verhaltensmuster […] einfach redupliziert«[241] und erneut Statusunterschiede geltend macht. Schwierig bleibt auch bei dieser Argumentation wiederum die Gruppe der bereits Entschlafenen.

Auch wenn diese aufgrund der Auferstehungshoffnung mit der Gemeinde verbunden bleiben, wird nicht klar, warum die Verstorbenen in einer Reihe mit denen genannt werden, die aufgrund mangelnder Achtsamkeit gegenüber dem Leib weiterhin soziale Ausgrenzung und die damit verbundenen Folgen erfahren. Es sei denn, man setzt voraus, dass in der Gemeinde nicht wenige aufgrund der sozialen Bedingungen bereits zu Tode gekommen sind. Ein metaphorisches Verständnis, nach dem Paulus »die unwürdige Feier des Herrenmahls [...] für verschiedene Stufen von *Mängeln im Glaubensleben* vieler Gemeindemitglieder verantwortlich«[242] macht, läuft hingegen Gefahr, das konkret vom Leib Ausgesagte ausschließlich auf einer geistig/geistlichen Ebene zu deuten.

Unabhängig davon, für welche Deutungsvariante man sich entscheiden will, ist allen drei Interpretationen gemeinsam, dass sie in V. 30 eine negative Folge aufgrund fehlender Unterscheidung bzw. Achtung des Leibes voraussetzen (V. 29b). Wäre es aber nicht gleichermaßen denkbar, Schwache, Kranke und bereits Verstorbene – sowohl wörtlich als auch metaphorisch gedeutet – als eine besondere Chance zu verstehen, den Leib entsprechend zu achten – und zwar den Leib des Herrn, den der Gemeinschaft sowie den des Anderen und auch den eigenen? So betont Paulus, wie oben erwähnt, nachdrücklich zum einen in 1 Kor 11,26 die Verbindung des Mahles mit der Verkündigung des Todes Jesu und zum anderen in 1 Kor 12,22 die Notwendigkeit gerade der schwächer zu sein scheinenden Glieder des Leibes. Ebenso muss sich die Aussage in 1 Kor 12,26, wenn ein Glied leide, würden ebenso die anderen Glieder leiden, auch auf die in 1 Kor 11,30 genannten Gruppen – unabhängig von deren Verantwortung für ihre eigene Situation – beziehen lassen. Dann wäre die Verknüpfung (*día tūto*) von 1 Kor 11,30 mit dem vorausgehenden Satz nicht kausal als ›daher/deshalb‹ zu verstehen, sondern würde – gegen die sonst übliche Übersetzung – den Zweck (um ... willen) angeben. ›Um dieser Sache‹ willen könnte sich dann entweder allgemein auf das in V. 29 beschriebene Geschehen oder konkret auf den Leib in V. 29 beziehen. V. 29f. wäre damit folgendermaßen zu übersetzen: »(29) denn wer isst und trinkt, isst und trinkt sich das Gericht, wenn er den Leib nicht achtet. (30) Um dieser Sache [oder: dieses Leibes] willen (gibt es) unter euch viele Schwache und Kranke, und etliche sind entschlafen.«

Ohne Zweifel ist dabei einerseits kritisch darauf zu achten, dass eine solche Interpretation von Krankheit und Tod als Chance nicht zur verharmlosenden Funktionalisierung der Schwächeren oder bereits Entschlafenen gerät, indem diese anderen nur dazu dienen sollen, eigenes Verhalten zu überdenken oder zu ändern. Weil die verschiedenen Übersetzung- und Interpretationsmöglichkeiten aber keine eindeutigen Lösungen zulassen und der Text insgesamt schillernd bleibt, erscheint es andererseits durchaus zulässig, mittels des zuletzt vorgeschlagenen Übersetzungsversuches mit heutigen Ansätzen ins Gespräch zu kommen, die ausgehend von den Kategorien Krankheit und Behinderung versuchen, unhinterfragte Differenzkategorien der Mehrheitsgesellschaft aufzubrechen.

8.2 Theologie des Gebrochen-Seins – Menschen mit Behinderung als Zeugen der Verwundbarkeit (John M. Hull)

Ein solcher Perspektivenwechsel von einer Anthropologie, die Krankheit und Behinderung als Gegensatz zu Gesundheit und Vollkommenheit und damit als Defizit betrachtet, hin zu einer »Wertschätzung des Imperfekten«[243] findet sich insbesondere in der »Theologie der Behinderung« von John M. Hull, der wie kein anderer versucht, das Gebrochen-Sein des Menschen und den vernarbten und verwundeten Leib Christi aufeinander zu beziehen.[244]

Selbst vollständig erblindet,[245] macht der britische Bibelwissenschaftler und Religionspädagoge John M. Hull deutlich, dass christlicher Glaube häufig eher dazu beigetragen hat, Verknüpfungen zwischen Behinderung und Sünde herzustellen oder Behinderung zumindest als Verweis auf die Unvollkommenheit des Menschen zu betrachten. »[D]ie Symbolik des Sündenfalls, der Heilungswunder und der Endzeit« sei für Menschen mit Behinderung wenig hilfreich, vielmehr müsse eine »Theologie der Behinderung« die Körpererfahrungen von Menschen mit Behinderung ernst nehmen und entsprechende biblische Texte aufgreifen. Insbesondere Paulus habe über ein »extremes Körperbewusstsein« verfügt, weil er möglicherweise selbst behindert gewesen sei oder einen schmerzhaften Verlust, eventuell des Sehvermögens, erlitten habe. Er entwickle regelrecht eine Körpertheologie, indem er seine Körpererfahrungen immer wieder in Bezug setze zum Todesleiden Jesu (vgl. Gal 6,17; 2 Kor 4,10):[246] »Das Hauptmerkmal der Körper-Erfahrung des Paulus mit Jesus war, dass dessen Leib gebrochen war. ›Als er das Dankgebet sprach, brach er es (das Brot) und sprach: Das ist mein Leib für euch. Tut das zur Erinnerung an mich.‹ (1 Kor 11,24) Dies ist die früheste Überlieferung vom letzten Mahl, und Gebrochen-Sein steht dort an zentraler Stelle. Aufgrund seines Gebrochen-Seins verkündigen sie, die vom Brot nehmen, den Tod Jesu (1 Kor 11,26), denn dessen Tod stellt ein Zerbrechen seines Körpers dar. Das Gebrochen-Sein nicht zu erkennen bedeutet so, den Leib Christi nicht zu erkennen (1 Kor 11,29). Weil die ursprüngliche Einheit in eine Vielheit zerbrochen ist, werden die Vielen zu einer Einheit. ›Weil da ein Brot ist, sind wir, die wir viele sind, doch ein Leib, weil wir alle an dem einen Brot teilhaben.‹«[247]

John M. Hull versucht, auch für die Synoptiker eine vergleichbare Bedeutung des Gebrochen-Seins aufzuzeigen, wenn dort die Rede ist vom Brotbrechen beim letzten Mahl (Mt 26,26; Mk 14,22; Lk 22,19), bei der Speisung der Menge (Mt 14,19; 15,36; Mk 6,41; 8,6; Lk 9,16) oder in Gegenwart des gekreuzigten und auferstandenen Jesus (Lk 24,30f.) sowie in den Berichten über die Anfänge der Kirche (Apg 2,46; 20,7; 27,35). Auch bei Johannes finde sich mit der Betonung der Verwundung Jesu (Joh 19,34f.) eine vergleichbare Vorstellung.[248]

Selbst am auferstandenen Leib Christi seien noch die Narben oder Wunden sichtbar gewesen (Lk 24,39f.; Joh 20,25.27) und »die Identität des wiederkommenden Christus werde durch eben diese Narben nachprüfbar sein« (Apg 1,3.11). Bringt man diese Erzählungen von Lukas und Johannes in Verbindung mit den paulinischen Hoffnungsbildern vom vergänglichen, in Schwachheit gesäten Leib, der aber unvergänglich und in Kraft auferweckt wird (1 Kor 15,42–44), wird nach John M. Hull deutlich, »dass der Leib Christi mit unvergänglichen Narben, herrlichen Wunden und in einem Zustand verwundeter Macht aufersteht« und »diese biblische Aussage über die Vollkommenheit von einer verletzten Vollkommenheit redet, von einer vernarbten und unvollkommenen Vollkommenheit«.[249]»Der Mensch, der zur Rechten Gottes steht, ist unvollkommen. Der gebrochene Körper auf Erden gleicht dem gebrochenen Leib im Himmel. Außerdem findet sich der gebrochene Leib auf Erden nicht nur in der Eucharistiefeier oder im Abendmahl, sondern auch in der Kirche, die den gebrochenen Leib Christi darstellt, und ebenso im gebrochenen Leib der leidenden Menschheit.«[250] Insgesamt stelle eine Theologie des Gebrochen-Seins eine grundsätzliche Alternative zu einer »Theologie von Stärke, Überlegenheit, Einzigartigkeit und Wohlstand«

dar: »Die Theologie des Gebrochen-Seins bietet der Kirche einen Weg, den erdrückenden Felsklotz einer scheinbar eindeutigen Vollkommenheit durch die Mehrdeutigkeit einer Vielfalt zahlreicher Formen menschlichen Gebrochen-Seins zu ersetzen. [...] Die Vollkommenheit Gottes ist eine Vollkommenheit der Verwundbarkeit und der Offenheit für Schmerz. Es gehört zum Auftrag der Kirche, den Gott des Lebens zu bezeugen, indem sie viele Ausprägungen menschlichen Lebens akzeptiert und an menschlicher Verletzlichkeit und Leiden teilhat. Zum Auftrag von Menschen mit Behinderung gehört dabei, Apostel der Integration und damit Zeugen der Verwundbarkeit und Partner in Sachen Schmerz zu werden.«[251]

Die Rede vom Gebrochen-Sein des Menschen als Ausgangspunkt einer Theologie der Behinderung erscheint gerade heute ansprechend, da sie erlaubt, sich aufgrund eigener Brüche und Narben mit dem im Abendmahl und am Kreuz gebrochenen Leib Jesu Christi verbunden wissen zu dürfen.[252] Zugleich vermag sie auch auf die Vielfalt von Einschränkungen und Begrenzungen zu verweisen. Dennoch erscheint die dafür im Englischen oder Deutschen vorausgesetzte Doppeldeutigkeit von Brechen, im Sinne von Teilen und zugleich von Zerbrechen/Vernichten, für das Neue Testament nicht in gleicher Weise möglich, da dort für Brechen je nach Bezugsobjekt unterschiedliche Begriffe verwendet werden.[253] Außerdem findet sich die Formulierung ›gebrochener Leib‹ erst in späteren Handschriften, aber nicht bei den wichtigen Textzeugen des Neuen Testaments. Aufgrund dieses Befundes ist kaum zu entscheiden, ob bei der Rede vom Brotbrechen im Neuen Testament – bezogen auf den Vorgang des Brechens/Teilens – bereits, wie später im Laufe der liturgischen Vollzüge, ein symbolisches Verständnis vorausgesetzt werden darf.

Unabhängig von der Beantwortung dieser Frage können die Überlegungen John M. Hulls aber dazu beitragen, auch 1 Kor 11,29f. von den Körpererfahrungen des Paulus her zu verstehen und für die Interpretation im Sinne einer Theologie des Gebrochen-Seins eine Wertschätzung der Kranken und Schwachen vorauszusetzen. Paulus deutet in seinen Briefen seine Körpererfahrungen stets christologisch als Ausdruck des Todesleidens und der Auferstehung Jesu. Dies kommt insbesondere im Kontext der sogenannten Peristasenkataloge (1 Kor 4,10–13a; 2 Kor 4,8f.; 2 Kor 6,4b–5.8–10; 2 Kor 11,23b–29; 2 Kor 12,10a; Phil 4,12; Röm 8,35b) zum Ausdruck, wenn er zum Beispiel schreibt: »Immer tragen wir das

Todesleiden Jesu an unserem Leib, damit auch das Leben Jesu an unserem Leib sichtbar wird. Denn immer werden wir, obgleich wir leben, um Jesu willen dem Tod ausgeliefert, damit auch das Leben Jesu an unserem sterblichen Fleisch offenbar wird.« (2 Kor 4,10f.) oder »Meine Gnade genügt dir; denn die Kraft wird in der Schwachheit vollendet. [...] denn wenn ich schwach bin, dann bin ich stark« (2 Kor 12,9f.).[254] Zu fragen wäre, ob sich nicht auch für die Bedeutung der »Kranken, Schwachen und bereits Entschlafenen« in 1 Kor 11,30 eine vergleichbare Argumentationsführung annehmen ließe, nämlich dass sich gerade in der Schwachheit die Stärke erweise. Dazu würden, wie erwähnt, ebenso die paulinischen Aussagen in 1 Kor 11,26 zur Verbindung des Mahles mit der Verkündigung des Todes Jesu passen. Auch sein Hinweis in 1 Kor 12,22 auf die Bedeutung der schwächeren Glieder für die Gemeinschaft und seine in 1 Kor 12,26 zum Ausdruck gebrachte Gewissheit der Solidarität aller Glieder auch im Leid unterstreichen einen solchen Zusammenhang: Die »Kranken, Schwachen und bereits Entschlafenen« in 1 Kor 11,30 sind nicht als Folge oder gar als Strafe eines Fehlverhaltens in der Gemeinde zu begreifen, sondern können vielmehr als Chance dafür verstanden werden, nicht Gefahr zu laufen, sich nicht mehr im Tod und in der Auferstehung Jesu Christi – beides gehört gleichermaßen zusammen – verbunden zu wissen und sich damit sukzessive zu entsolidarisieren. Gerade Menschen mit Behinderung, so John M. Hull, sind für eine Gemeinschaft »Apostel der Integration und damit Zeugen der Verwundbarkeit und Partner in Sachen Schmerz«[255], und nicht etwa Ausdruck, wie in klassischen Deutungen zu 1 Kor 11,30 immer wieder zu lesen, der Verfehlungen in der Gemeinde.

8.3 Un/gebrochen-Sein – Menschen mit und ohne Behinderung als integraler Bestandteil der Gemeinschaft der Kirche

In durchaus vergleichbarer Weise und nicht weniger nachdrücklich unterstreichen, wie im vorletzten Kapitel zu sehen war, die Dis/ability Studies und eine »Anthropologie der Fragilität« die Bedeutung von kranken und beeinträchtigten Menschen, allerdings mit Blick auf die Gesamtgesellschaft. So betonen auch sie Aspekte wie Abhängigkeit, Angewiesenheit und Zerbrechlichkeit, indem sie zugleich Autonomie und Selbstbestimmung in der Tradition der europäischen Aufklärung als einseitig in Frage stellen. Bewusst verstehen sie Menschen mit Behinderung als Platzhalter und Repräsentanten einer Anthropologie von unten, die nicht bei der Vernunft und Subjektiviät des Menschen ansetzt. Insbesondere ein »caring about the body« fordert, sich aufmerksam dem Körper zuzuwenden, und zwar sowohl der eigenen leiblichen Existenz als auch der des Anderen. In einer Ethik der Verletzbarkeit und Achtsamkeit aus der Sicht der Pflege ist, wie erwähnt, die Rede vom »Moment der Wahrheit«, der verlangt, die Wirklichkeit aller Menschen zu betrachten und gerade Menschen mit Krankheit und Behinderung als Propheten für die Gesellschaft bzw. Gemeinschaft wahrzunehmen.

Selbstverständlich betrachtet auch Kirche einen solchen Anspruch als konstitutiv für die Gemeinschaft der Gläubigen, leitet ihn aber eben u.a. aus den genannten paulinischen Bildern ab, insbesondere der Einheit der Vielen in ihrer Verschiedenheit (1 Kor 10,17; 12,12.27) und der Gemeinschaft, in der alle Glieder leiden, wenn ein Glied leidet (1 Kor 12,26). So wenden sich zum Beispiel die deutschen Bischöfe in ihrem Wort zur Situation von Menschen mit Behinderung »unBehindert Leben und Glauben teilen« (2003) auch gegen Vorstellungen vom perfekten Menschen und betonen, dass jeder Mensch nach dem christlichen Menschenbild einen absoluten Wert besitzt und vom Schöpfer gewollt ist. Insbesondere Jesu Solidarität mit den leidenden, kranken, behinderten und isolierten Menschen gelte ihrer einmaligen, kostbaren Würde als Menschen und vor allem ihrer Sehnsucht nach Heil. Gerade in den biblischen Begegnungs- und Heilungsgeschichten finde sich die Option für eine Kultur der Achtsamkeit. In der Kirche Christi als Leib aus vielen Gliedern dürfe kein Glied zurückstehen und Mangel leiden, wenn dies nicht das Wohlbefinden des ganzen Leibes beeinträchtigen solle (1 Kor 12,21–27).[256]

Allerdings stehen noch immer viele Manifestationen kirchlichen Lebens in einem offensichtlichen Widerspruch zu einer solchen Position, wie 2012 Simone Bell-D'Avis, die damalige Leiterin der Arbeitsstelle Pastoral für Menschen mit Behinderung der Deutschen Bischofskonferenz, feststellt. Neben unzugänglichen Kirchenschiffen nennt sie schlecht ausgeleuchtete Gemeinderäume oder barrierereich programmierte Internetauftritte, aber auch die kirchliche Verkündigung, »in der oftmals die biblischen Heilungsgeschichten ›in einer Weise als Hoffnungstexte verstanden werden, die Behinderung implizit als Negativfolie von Heil voraussetzt‹«. Umso mehr fordert sie daher eine Auseinandersetzung mit exkludierenden Strukturen und Denkweisen. Wenn Behinderung als Negativfolie von Heil interpretiert werde, manifestiere sich darin zum einen »eine Sichtweise von Behinderung, die nach wie vor Behinderung als Defizit und als individuelles Problem des Einzelnen« begreife, und zum anderen »eine Sichtweise von Heil, die nicht wirklich christlich« sei. Es gehe daher um eine theologische Aufarbeitung, die dazu führe, dass Menschen mit und ohne Behinderung gleichermaßen als Geschöpf Gottes betrachtet würden.[257]

Neben der vom Schöpfer jedem Menschen verliehenen uneingeschränkten Würde sind vor dem Hintergrund des Gesagten insbesondere die Gewissheit und Hoffnung aller Gläubigen zu nennen, Anteil am gebrochenen und auferstandenen Leib des (kosmischen) Christus haben zu dürfen. Entscheidend auch mit Blick auf die Kirche ist, dass kranke oder eingeschränkte Menschen »nicht als zu integrierende Minderheit, sondern als integraler Bestandteil«[258] zu verstehen sind. Oder wie es Ulrich Bach pointiert formuliert: »Ohne die Schwächsten ist die Kirche nicht ganz«[259]. Zugleich ist aber darauf zu achten, nicht ungewollt doch wieder vor allem die Einschränkung und Abweichung in den Blick zu nehmen. Das würde indirekt dazu beitragen, erneut Normalisierungsvorstellungen aufzugreifen, anstatt unhinterfragte Differenzkategorien aufzubrechen. Vielmehr geht es um eine Gemeinschaft, die nicht mehr nach dem Gebrochen- oder Ungebrochen-Sein der einzelnen Beteiligten fragen und differenzieren muss, sondern die das Un/gebrochen-Sein als selbstverständlichen Ausdruck des Menschseins begreifen und einbeziehen kann. Insofern müsste konsequenterweise die Rede davon sein, dass sowohl Menschen mit als auch Menschen ohne Behinderung integraler Bestandteil einer Gemeinschaft sind. Selbstverständlich erscheint eine solche Aussage etwas bemüht, da dann eigentlich gleich von einer Gemeinschaft aller in Vielfalt zu sprechen wäre.

9. Rezeption und Konstruktion

Im letzten Kapitel wurde kurz angesprochen, dass 1 Kor 11,29f. in seiner Wirkungsgeschichte zum Teil verheerende Konsequenzen hatte. Statt die in V.30 genannten Kranken, Schwachen und bereits Entschlafenen in der Gemeinde als Folge der in V. 29 von Paulus erwähnten fehlenden Unterscheidung des Leibes zu verstehen, wurde dieser – für ein heutiges Verständnis merkwürdig genug klingende – Ursache-Wirkung-Zusammenhang gerade umgekehrt. So wurden Menschen mit Behinderung oder auch kranke Menschen bewusst von der gemeinsamen Eucharistiefeier ausgeschlossen, aus Sorge, sich ansonsten das Gericht zu essen und zu trinken. Kaum zu entscheiden dürfte allerdings sein, inwieweit eine solche Sicht aus bereits in der Gesellschaft vorhandenen Differenzvorstellungen erwachsen konnte oder erst wesentlich zum Aufbau solcher Unterscheidungen und damit zur Diskriminierung von Menschen mit Behinderung beigetragen hat.

Auch bei den biblischen Heilungsgeschichten lässt sich nur schwer bestimmen, ob überhaupt und wenn ja in welcher Weise ihre Rezeption aufgrund der kulturprägenden Kraft der Bibel entscheidend zur Konstruktion von Behinderung und damit zur folgenschweren Unterscheidung von Behinderung/Nichtbehinderung beigetragen haben könnte. Wie das nachfolgende Beispiel, die Darstellung von Heilungswundern auf Sarkophagen aus dem vierten Jahrhundert, zeigt, erscheint auf den ersten Blick ein solcher Zusammenhang recht naheliegend. Bei genauerer Analyse erweisen sich zwar manche heutige Interpretationen dieser frühchristlichen Rezeptionsbeispiele als erheblich behindertendiskriminierend. Für die Rezeptionsbeispiele selbst lässt sich dies aber vor allem mit Blick auf ihren spezifischen soziokulturellen Kontext ebenso wenig eindeutig nachweisen wie für die ihnen zugrundeliegenden biblischen Heilungsgeschichten. Je nach Wissenschaftsgebiet, das sich mit diesen frühen Zeugnissen der Rezeption von biblischen Heilungsgeschichten befasst, verschiebt sich zudem die Einschätzung erheblich.[260]

9.1 Größe und Bedeutung

Bildlich dargestellt finden sich Heilungserzählungen ab dem dritten Jahrhundert in Katakomben und vor allem auf stadtrömischen Sarkophagen des vierten Jahrhunderts. Die Sarkophage wurden nicht nur in Rom, sondern auch außerhalb in stadtrömischen Werkstätten hergestellt, und zwar ab etwa 270 n.Chr. Ihre Produktion bricht nach einer enormen Blüte abrupt mit der Eroberung und Plünderung Roms 410 durch die Westgoten unter Alarich ab.[261] Die beiden größten Sammlungen stadtrömischer Sarkophage beherbergen heute das Museo Pio Cristiano, ein Teil der Vatikanischen Museen in Rom, und das Musée départemental Arles antique in Südfrankreich.

Auch wenn zunächst nicht immer sofort klar sein mag, welche biblischen Szenen abgebildet sind, fallen doch zahlreiche Figuren auf, die nur halb so groß wie andere Figuren sind, aber keineswegs Kinder darstellen.

Abbildung: Sarkophag, 300–330 n. Chr., Rom, Museo Pio Cristiano, Rep. I 12: Von links Opferung Isaaks, Blindenheilung, Gelähmtenheilung, Brotvermehrung, Heilung einer Frau, Sündenfall, Totenfeldvision (Ez 37)

Bei genauerer Betrachtung entdeckt man, dass diese kleinen Figuren entweder ein Bett wegtragen oder Christus ihnen eine Hand auf ihre Augen legt. Teilweise knien auch sehr klein gestaltete Frauen vor Christus oder Christus berührt eine am Boden liegende kleine, nackte Figur mit seiner virga (Wunderstab). Offenbar handelt es sich bei den ersten drei Szenen um Heilungserzählungen, und zwar um eine Blindenheilung, die Heilung des Gelähmten und die Heilung der blutflüssigen Frau. Neben diesen Heilungserzählungen finden sich auf Sarkophagen als weitere Wunderzählungen vor allem die Brotvermehrung, die Hochzeit zu Kanaan sowie Totenerweckungen, insbesondere die Erweckung des Lazarus, dargestellt. Auch wenn wir die einzelnen alt- und neutestamentlichen Szenen bestimmen können, weiß man bis heute nicht, nach welchem Bildprogramm diese miteinander kombiniert wurden und welche genaue Bedeutung die Auftraggeber, Künstler und Betrachter – abgesehen von der im Kontext christlicher Sepulkralkultur zu erwartenden Hoffnung auf Rettung und ewiges Leben – damit verbanden.[262]

Aus heutiger Sicht kann man bei der Darstellung biblischer Heilungsgeschichten auf stadtrömischen Sarkophagen des vierten Jahrhunderts also wahrlich nicht von einer Begegnung auf Augenhöhe zwischen Christus und Menschen mit Behinderung sprechen. Angesichts der signifikanten Größenunterschiede wird man allerdings zunächst an die sogenannte Bedeutungsgröße denken, einem der wichtigsten Darstellungsprinzipien der frühchristlichen und mittelalterlichen Kunst, mit dem die unterschiedliche Bedeutung bzw. der gesellschaftliche Status der abgebildeten Figuren sichtbar gemacht werden soll.[263] Die Heilungsszenen dienen nach diesem Ansatz der Bedeutungssteigerung Christi und seiner Dynamis und damit verbunden der Hoffnung auf Heil. Aus einer dis/abilitykritischen Perspektive kommt dies dennoch einer Funktionalisierung von Menschen mit Behinderung gleich und es legt sich der Verdacht nahe, dass solche Rezeptionsbeispiele – insbesondere diese Größenunterschiede, teilweise, wie auf dem abgebildeten Beispiel, noch in Kombination mit der Sündenfallerzählung – dazu beigetragen haben könnten, Menschen mit Behinderung zu stigmatisieren und zu marginalisieren. Eine solche Vermutung verstärkt sich noch, liest man Beschreibungen der abgebildeten Heilungsszenen aus kunstwissenschaftlicher Perspektive: »1. Stets sind die Kranken nur halb so groß wie die übrigen Figuren dargestellt, sie sind gleichsam eine ›halbe Portion‹; dies nennt man den Bedeutungsmaßstab. Die Patienten sind einfach gekleidet, meist in die kurze Tunica. 2. Die Leiden der Patienten werden chiffreartig charakterisiert: das Bett steht für den bettlägerigen Kranken, in erster Linie wohl den Lahmen [...] 3. Der Wundertäter handelt, indem er die *impositio manus* übt. Schon durch seine Größe bedingt, steht er, nicht der Patient, im Vordergrund des Bildes«.[264] Oder: »Die Hilfsbedürftigkeit des Blinden wird durch die wenig differenzierte Wiedergabe von Physiognomie, Gestik und Haltung nicht hervorgehoben. Nicht die Detailschilderung macht ihn als Blinden bestimmbar, sondern der Kontext. Die Ikonographie reduziert seine Existenz am Rande der Wunderheilung zu einem Kürzel, dessen Formelhaftigkeit seine Gültigkeit behält, solange die Erbärmlichkeit als Folie für den Glanz des Heilenden dient. Essenz des Bildgedankens ist die Wundertätigkeit des Gottessohnes; hierin liegt die Kraft und Intention der künstlerischen Aussage. Die Bedeutung der Präsenz des Blinden für den Ablauf der Wunderhandlung ist die eines Katalysators, über den die Wunder Gottes wirksam werden. ›Er ist blind, damit an ihm die Werke Gottes offenbar würden,‹ spricht Christus im Johannesevangelium (9,1–7). Dieser Satz weist ihm eine Rolle zu, die nur aus dem Kontrast zur Größe Gottes ihre Bedeutung gewinnt. Seine Niedrigkeit läßt die Allmacht Gottes wunderbar erscheinen, wodurch die Visualisierung der göttlichen Größe in der bildlichen Darstellung vermittelt wird.«[265]

Offensichtlich wird in den beiden Beschreibungen nicht hinterfragt, welche Aussagen über Menschen mit Behinderung damit im Kontext der Heilungserzählungen transportiert werden. Der Hinweis auf die Erbärmlichkeit und Niedrigkeit des Blinden sowie die Reduzierung seiner Existenz am Rande der Wunderheilung zu einem Kürzel und auf eine Katalysatorfunktion für die Allmacht Gottes wird im zweiten Beispiel ebenso wenig kritisch in Frage gestellt wie im ersten die Rede von einer »halben Portion« und den »Leiden des Patienten«. Allerdings stammen beide Beispiele aus den achtziger Jahren des letzten Jahrhunderts und sagen wohl mehr über die Nicht/Wahrnehmung von Menschen mit Behinderung in dieser Zeit aus als zur Zeit der Entstehung der Sarkophage im vierten Jahrhundert.

Ohne Zweifel wurde in der frühchristlichen Kunst die spätantike Herrscherikonographie übernommen, um imperiale Bildmotive auf Christusdarstellungen zu übertragen und umgekehrt auch den christlichen Kaiser dadurch aufzuwerten,[266] etwa in sogenannten Thronszenen Christi auf Sarkophagen des späten vierten Jahrhunderts. Für die genannten Heilungsszenen passt diese Annahme aber nicht so recht. Neben den Größenunterschieden spielt in der spätantiken Herrscherikonographie nämlich auch die Darstellung des Kaisers in Frontalansicht mit gleichzeitiger Zentralsymmetrie eine Rolle, um so eine überzeitliche Aussage zum Ausdruck bringen zu können, etwa die Unabhängigkeit seiner Macht von bestimmten Einzelereignissen. Darstellungen in Seiten- bzw. Dreiviertelansicht, wie bei den Heilungsszenen, verweisen dagegen auf einmalige, zeitlich bestimmte Begebenheiten.[267] Hätten also besonders die überzeitliche Bedeutung Christi und seine Heilungskraft betont werden sollen, würde man auch hier entsprechende formale Mittel erwarten. Selbst wenn man von diesem Gegenargument einmal absehen will, dürfte man zumindest voraussetzen, dass die Begründung über eine aus der Herrscherikonographie abzuleitende Bedeutungsgröße nicht nur für Heilungsszenen, sondern auch für andere biblische Szenen auf frühchristlichen Sarkophagen zutrifft, in denen Figuren eine ebenso auffällige Größendifferenz aufweisen. Spätestens bei Taufszenen, in denen Jesus als kleine, knabenhafte nackte Figur und Johannes der Täufer dagegen fast doppelt so groß dargestellt wird, erscheint eine Deutung über die Bedeutungsgröße aber kaum mehr überzeugend, insbesondere im Abgleich mit den neutestamentlichen Bezugstexten, wenn Johannes sagt: »Nach mir kommt einer, der ist stärker als ich; ich bin es nicht wert, mich zu bücken und ihm die Riemen der Sandalen zu lösen« (Mk 1,7 parr.). Außerdem weisen die Evangelisten Jesus bei seiner Taufe zweifelsfrei als Erwachsenen aus, auch wenn die ungefähre Altersangabe mit 30 Jahren im Anschluss an die Taufe bei seinem ersten öffentlichen Auftreten in Lk 3,23 nicht als biographisches Datum verstanden werden kann. Vielfach findet sich zudem auf ein und demselben Sarkophag ein Größenwechsel der gleichen Personen, etwa bei der Erschaffung Adams und Evas durch Christus, die zunächst puppenhaft klein und nackt dargestellt sind, in der anschließenden Sündenfallszene bzw. sogenannten Arbeitszuweisungsszene aber wieder ›Normalgröße‹ haben. Ein Groß-Klein-Wechsel innerhalb einer thematisch zusammengehörigen Szenenabfolge begegnet aber auch bei der Darstellung der Heilung des Gelähmten auf den sogenannten Betesda-Sarkophagen Ende des vierten Jahrhunderts. Auf einer zweizonigen Mittelszene wird im unteren Bildfeld der auf einem Lager Ruhende gezeigt, wie er zu dem in gleicher Größe dargestellten Christus seine Hand und seinen Blick erhebt. Oben sind dagegen Jesus und der deutlich kleinere Geheilte zu sehen. Auf der Standleiste des oberen Bildfeldes sind Wellen angedeutet, die auf die johanneische Version der Heilung des Gelähmten am Teich Betesda verweisen (Joh 5,1–18), wodurch sich auch die Bezeichnung dieser Sarkophage erklärt.[268]

Interessant zu erwähnen ist in diesem Zusammenhang, dass sich in der ersten Hälfte des 20. Jahrhunderts auch im Bereich der historisch-kritischen Exegese vergleichbare Deutungsansätze finden. Beispielsweise versuchte Rudolf Bultmann aufzuzeigen, dass in den Heilungserzählungen allein Jesus im Zentrum der Aufmerksamkeit stehe und es um den Erweis »seiner messianischen Kraft bzw. seiner göttlichen Macht« gehe, der Kranke dagegen nur »Objekt der wunderbaren Heilung« sei.[269] Erst im Laufe der Zeit sei ein »novellistisches Interesse an den Personen der Wundergeschichte« gewachsen, wenn etwa in Mk 10,46 – im Gegensatz zu anderen Blindenheilungen – der Name des Geheilten, nämlich Bartimäus, erwähnt oder in EvNaz 4 (Nazoräerevangelium) – im Gegensatz zu Mk 3,1–6 oder Mt 12,9–14 – der Maurer-Beruf des Mannes mit der »verdorrten« Hand angegeben werde.[270]

Die Hervorhebung der besonderen Bedeutung Christi und seiner Heilungskraft ist zweifellos ein wesentliches Anliegen der neutestamentlichen Heilungserzählungen und dürfte auch für die Begründung der Häufigkeit und der dichten Reihung der Heilungsszenen auf frühchristlichen Sarkophagen eine wichtige Rolle spielen. Dabei übersieht die ältere Exegese aber die besondere Zuwendung Jesu zu den Heilung Suchenden, die vor allem durch die Betonung der Berührungen in den neutestamentlichen Heilungserzählungen zum Ausdruck gebracht wird. Nach Ruben Zimmermann geht es dabei »nicht nur um das ›Was‹ der erzählten Handlung, sondern gerade auch um das ›Wie‹«.[271] Die haptische Dimension in den neutestamentlichen Heilungserzählungen wird auch auf den frühchristlichen Sarkophagen aufgenommen, wenn Jesus nicht wie oftmals bei den Speisungswundern oder Totenerweckungen mit seinem Wunderstab dargestellt wird, sondern als der, der die Heilung Suchenden berührt.[272]

9.2 Wiedergeburt und Neuschöpfung

Neben der Erklärung der Größenunterschiede auf den frühchristlichen Sarkophagen über die Bedeutungsdifferenz zwischen Christus und den Heilung Suchenden ist auch eine Deutung des Heilungsgeschehens als Akt der Wiedergeburt und Neuschöpfung denkbar, und zwar auf Grund der Vergleichbarkeit mit Darstellungen der Taufe Jesu und der Erschaffung von Adam und Eva. Wie bereits erwähnt, finden sich auch in diesen

Szenen klein gestaltete Figuren, allerdings sind diese nackt. Ausgangspunkt der Überlegungen sind nicht die Heilungsszenen, sondern die Taufe Jesu. Nach Robin M. Jensen will die Szene auf der narrativen Ebene an die Taufe Jesu erinnern, ohne aber an biblischen ›Realien‹ wie etwa seinem tatsächlichen Alter interessiert zu sein, zugleich aber verweist die Symbolik der Nacktheit und kindhaften Statur auf neugetaufte Christen, die zur kindlichen Unschuld zurückkehren und dadurch mit Christus vereint sind. Im Begräbniskontext bekräftige eine solche Darstellung, dass der Verstorbene getauft und als Glied des Leibes Christi Hoffnung auf Auferstehung habe.[273] Ähnliche Verweise seien auch zu erkennen, wenn Adam und Eva bei ihrer Erschaffung durch Christus nackt und kindhaft klein abgebildet würden. Außerdem seien die kindhaften Gestalten auf den frühchristlichen Sarkophagen als eine Adaption an verspielte römische *putti* zu verstehen, um durch eine solche Verjüngung und Verkleinerung eigentlich erwachsener Menschen den abstrakten – und damit nicht darstellbaren – Gedanken des Ewigen einbringen zu können. Die kleine, kindhafte Statur der Figuren symbolisiere also deren Status des Wiedergeborenseins, sowohl in Heilungs- als auch in Tauf- und Erschaffungsszenen.[274] Fraglich bei einem solchen Deutungsansatz bleibt freilich, ob Überlegungen, die aufgrund der Symbolik der Nacktheit und kindhaften Gestalt der abgebildeten Figuren für Tauf- und Erschaffungsszenen entwickelt wurden, ohne Weiteres auf Heilungsszenen übertragbar erscheinen, wenn für diese nur das Kriterium der Kleinheit, nicht aber das der Nacktheit zutrifft. Zudem dürfte das Motiv der *putti* in der Antike semantisch offener und unschärfer gewesen sein, als hier vorausgesetzt wird. Erst im Barock und Rokoko versinnbildlichen immerwährendes Kindsein und Nacktheit der *putti* das Paradies und ein Leben im Jenseits.[275]

Auch aufgrund verschiedener Aussagen des Neuen Testaments legt sich der Zusammenhang zwischen Taufe und Wiedergeburt (z.B. Joh 3,3–7; Tit 3,5) bzw. Auferstehung (z.B. Röm 6,3f.; Kol 2,12) nahe,[276] aber nicht zwingend der zwischen Heilung und Taufe bzw. Wiedergeburt. Diese Verbindung findet sich erst in patristischen Texten.[277]

Aus dis/abilitykritischer Sicht erscheint die mit der Taufe bzw. Heilung verknüpfte Vorstellung einer Neugeburt dagegen äußerst problematisch, da damit, wie bereits einleitend zu diesem Buch erörtert, die Wiedererlangung des Zustandes vor dem sogenannten Sündenfall bzw. die Rückkehr zu einer kindlichen Unschuld verbunden ist. Im Umkehrschluss ist die Behinderung, die der Heilung vorausgeht, dann aber als Ausdruck der Sünde und Schuld zu deuten.

9.3 *Statusverzicht und Teilhabe am Heil*

Kleinwerden kann, wie eben dargestellt, im Zusammenhang mit Taufe, Erschaffung oder Heilung als Folge dieser Handlungen gedacht werden, etwa wenn die Neugetauften klein wie Neugeborene werden, um ihren neuen Status der Teilhabe an Christus zum Ausdruck zu bringen. Kleinwerden kann aber auch den ethischen Anspruch implizieren, klein werden und auf den eigenen Status verzichten zu müssen, um das persönliche Heil erlangen zu können.

Gerade im Neuen Testament begegnet die Forderung nach Statusverzicht immer wieder, sei es im sogenannten Kinderevangelium (Mk 10,13–16 parr.), in dem nicht nur die besondere Zuwendung Jesu zu Kindern betont wird, sondern deren Haltung regelrecht als Einlassbedingung für das Reich Gottes vorausgesetzt wird, oder sei es in den sogenannten Positionswechsellogien, nach denen die Ersten die Letzten und umgekehrt die Letzten die Ersten sein werden (vgl. Lk 14,11; Mk 10,31; Mk 9,35). Insbesondere das Verhalten Jesu, seine besondere Zuwendung zu Außenseitern und Armen, und das Christusgeschehen selbst (Phil 2,5–11; 2 Kor 8,9; Mk 10,45) unterstreichen den Appell, auf Macht und eigenes Ansehen zu verzichten. Selbst für einzelne Wundererzählungen lässt sich eine solche Perspektive aufzeigen, wenn beispielsweise die Syrophönizierin (Mk 7,24–30), die aufgrund ihrer griechischen Sprachkenntnisse und Kultur der Oberschicht angehört haben könnte, oder der Synagogenvorsteher Jaïrus (Mk 5,21–23.35–43) vor Jesus niederfallen und um die Heilung ihrer Töchter bitten. Durch Verhaltensweisen und Gesten der Selbsterniedrigung übernehmen sie die Rollen von Menschen der Unterschicht und damit auch die Perspektive ›von unten‹.[278]

Denkbar wäre also durchaus, dass die Darstellung von kleinen Heilung Suchenden die Forderung nach Kleinwerden und Statusverzicht impliziert oder als Spiegel des Verhaltens der Verstorbenen zu Lebzeiten bzw. des für sie erhofften Verhaltens in der Begegnung mit Christus gedient haben könnte.

Diese Deutung bleibt allerdings eher unwahrscheinlich, da die Syrophönizierin und der Synagogenvorsteher nicht für sich selbst, sondern für andere bitten. Außerdem lassen sich gerade für die neutestamentlichen Bezugstexte der am häufigsten auf Sarkophagen dargestellten Blinden- und Gelähmtenheilungen keine Aufforderungen zum Statusverzicht erkennen. Lediglich eine Statuserhöhung könnte man vermuten, setzt man voraus, dass die Heilung Suchenden als Ausgegrenzte zu verstehen sind, was wiederum aus dis/abilitykritischer Sicht äußerst problematisch erscheint. Aber selbst wenn die neutestamentlichen Bezugstexte keine entsprechende Interpretation nahelegen, müsste für die Deutung der Darstellungen des Blinden und des Gelähmten auf frühchristlichen Sarkophagen nicht zwangsläufig ausgeschlossen werden, dass durch ihre kleine Gestalt ein Demutsgestus und eine damit verbundene Bitte um Heilung und Heil zum Ausdruck gebrachten werden könnte. Zu fragen ist aber dann, warum auf frühchristlichen Sarkophagen nicht häufiger die mehrfach im Neuen Testament überlieferten Kinderheilungen (Q 7,1–10; Mk 5,21–23.35–43 parr.; Mk 7,24–30 par.; Mk 9,14–29 parr.; Lk 7,11–17, Joh 4,46–54; [Apg 9,36–42]; Apg 20,7–12)[279] als Darstellungen gewählt wurden, wenn es tatsächlich ein wesentliches Anliegen gewesen wäre, auszusagen, dass die Verstorbenen zu Lebzeiten der Positionswechselforderung Jesu gefolgt und klein bzw. wie Kinder geworden seien, denen das Reich Gottes zugesagt ist.

Aus einer dis/abilitykritischen Perspektive erscheint bei diesem Deutungsansatz vor allem fragwürdig, dass die Forderung nach Demut und Kleinwerden insbesondere auf Menschen mit Einschränkungen und nicht auf alle Menschen gleichermaßen bezogen wird. Kleinsein wäre dann im Gegensatz zur neutestamentlichen Botschaft nicht mehr Symbol für den von allen geforderten Statusverzicht, sondern für die Hilfs- und Heilungsbedürftigkeit einzelner, durch die wiederum das Angewiesensein aller auf das Heil Christi angesichts des Todes zum Ausdruck gebracht würde. Dass dies erneut eine Funktionalisierung und Metaphorisierung von Menschen mit Behinderung bedeuten würde, braucht hier kaum mehr betont zu werden.

9.4 Die Dynamis Gottes

Auf eine letzte Deutungsmöglichkeit stößt man, wenn man ähnlich wie beim vorausgehenden Ansatz von den biblischen Bezugstexten der auf frühchristlichen Sarkophagen kindhaft klein dargestellten Figuren ausgeht, dieses Mal allerdings unter der Fragestellung, was diese Texte – über das Motiv des Kleinseins hinaus – sonst inhaltlich gemeinsam haben.

Angefangen von der Erschaffung des Menschen (Gen 1,26f.; 2,7.21f.) über die Vision des Propheten Ezechiel (Ez 37,5) bis hin zu Daniel in der Löwengrube (Dan 14,34–36) ist in den alttestamentlichen Erzählungen, auf die sich die Szenen mit einer auffälligen Größendifferenz beziehen lassen, offenbar jeweils vom Eingreifen Gottes oder von seinem Lebensatem bzw. Geist die Rede. Gleiches gilt für die neutestamentliche Erzählung von der Taufe Jesu (Mk 1,10f. parr.) und von den Heilungsgeschichten, auch wenn dort oftmals die Wirkmacht (Mk 2,7–9 parr.; Joh 9,1–3.32f.) und die Kraft Gottes (*dynamis* in Mk 5,30 par.) nur indirekt durch die Betonung des Glaubens des Heilung Suchenden (z.B. Mk 5,34 parr.; 10,52 parr.) bzw. derer, die ihn zu Jesus bringen (Mk 2,5 parr.), oder durch die Berührungen Jesu (Mk 8,22f.) angezeigt werden. Dabei geht es offensichtlich nicht allein um biblische Begegnungsgeschichten zwischen Gott und Mensch, sondern darum, wie Menschen die weltverändernde Wirkmacht Gottes erfahren.

Unabhängig davon, ob auf den frühchristlichen Sarkophagen in den alttestamentlichen Szenen Gott selbst bzw. nur ein Symbol seiner Präsenz oder in Heilungs- oder Auferweckungsszenen Jesus zusammen mit kleinen Figuren abgebildet ist, könnte daher die Kleinheit der Figuren als ikonographischer Verweis auf die Dynamis Gottes verstanden werden, die sich ansonsten nicht darstellen lässt. Auf bildlicher Ebene könnte somit die extreme Größendifferenz eine ähnliche Ausdrucksmöglichkeit sein wie auf textlicher Ebene das sogenannte *passivum divinum*, das Gott als Ursache zwar meint, aber nicht explizit benennt, etwa wenn die Rede davon ist, dass Jesus auferweckt wurde (z.B. Mk 16,6).

Ohne dies hier im Einzelnen aufzeigen zu können, ist diese Interpretation im Gegensatz zu den vorausgehenden Ansätzen gleichermaßen auf alle anderen kindhaft klein dargestellten Figuren auf frühchristlichen Sarkophagen anzuwenden und erscheint auch mit Blick auf die Deutung der jeweiligen biblischen Bezugstexte stimmig. Auch aus dis/abilitykritischer Perspektive erscheinen die Vorbehalte gegenüber solchen Darstellungen und einer möglichen Deutung deutlich geringer. Kleinsein wird eben nicht nur mit Menschen mit Einschränkungen verbunden, sondern kann ebenso auf Jesus oder andere biblische Personen bezogen werden, wenn es darum geht, die besondere Wirkmacht Gottes anzuzeigen. Mit anderen Worten lässt sich in der kleinen Statur der Heilung Suchenden weder ein geringerer Status als bei anderen Menschen noch ein Verweis auf einen Zustand vor dem sogenannten Sündenfall erkennen. Auch wenn sich kleine Heilung Suchende deutlich häufiger als andere kindhaft dargestellte Figuren auf frühchristlichen Sarkophagen finden, werden nach dieser Perspektive nicht ausschließlich sie für ein bestimmtes theologisch-christologisches Anliegen funktionalisiert, wie es bei der ersten Perspektive geschieht, die auf die Bedeutungssteigerung Christi und seiner Heilungskraft abzielt.

Festzuhalten bleibt für die vier vorgestellten Deutungsansätze, dass nicht die Beantwortung der Frage entscheidend ist, welcher nun der richtige ist. Vielmehr soll zum einen gezeigt werden, wie wichtig auch bei der Interpretation der Rezeptionsbeispiele biblischer Heilungsgeschichten eine dis/abilitykritische Sicht ist, will man nicht unbewusst diskriminierende Aussagen transportieren, die zur weiteren Zementierung der soziokulturellen Konstruktion von Nicht/Behinderung beitragen. Zum anderen geht es aber auch darum, durch die verschiedenen Deutungsperspektiven deutlich zu machen, dass die Annahme eines frühen Eintrags von Differenzvorstellungen bei der Darstellung neutestamentlicher Heilungserzählungen, was bei den Größenunterschieden auf den Sarkophagen aus heutiger Sicht zunächst offensichtlich erscheint, keineswegs auch die Sicht der Auftraggeber und Künstler der Sarkophage zutreffend erfassen muss. Einseitige Zugänge laufen dagegen Gefahr, zu meinen, die frühe Konstruktion von Nicht/Behinderung durch die Rezeption von Heilungserzählungen belegen zu können, eigentlich aber diese Konstruktion erst recht zu bedienen. Je nach Bezugswissenschaft und der je eigenen Wissenschaftstradition ergeben sich hingegen unterschiedliche Sichtweisen und Schwerpunkte und nur die Zusammenschau zwischen historisch-kritischer Exegese biblischer Texte, kunsthistorischer Interpretation der Rezeptionsformen und dem Analyseansatz der Dis/ability Studies kann vor einer ungewollten Vertiefung oftmals als selbstverständlich vorausgesetzter Konstruktionen, wie behindert/nichtbehindert, schützen.

10. Exklusive Heilsangebote im inklusiven Religionsunterricht

Wenden wir uns abschließend noch einem aktuellen Beispiel zu, in dessen Kontext biblische Heilungsgeschichten rezipiert werden, und zwar dem Religionsunterricht, der heute ebenso wie andere Schulfächer auch einem inklusiven Anspruch gerecht zu werden sucht. Nicht zuletzt aufgrund des Artikels 24 der UN-BRK, der das Recht auf Bildung von Menschen mit Behinderung formuliert, wird insbesondere in pädagogischen Disziplinen eine intensive Inklusionsdebatte geführt. Dabei wird in der Regel ein sehr weiter Inklusionsbegriff zugrunde gelegt, der im Sinne der Intersektionalität nicht nur das Kriterium Behinderung, sondern auch Aspekte wie Alter, Geschlecht, soziale und kulturelle Herkunft sowie Armut in die Überlegungen mit einbezieht, um so mehrfache Diskriminierungen ebenfalls aufzudecken. Mit dem Inklusionsparadigma soll vor allem das Denken in Polaritäten, behindert – nichtbehindert, krank – gesund oder auch Männer – Frauen, jung – alt, arm – reich, weiß – schwarz sowie christlich – nichtchristlich, überwunden und gezeigt werden, dass zwischen den jeweiligen Polen weitere Existenzweisen von Menschen liegen. In einer solchen Diskurslandschaft muss sich auch der schulische Religionsunterricht an seiner Pluralitäts- und Heterogenitätsfähigkeit messen lassen.[280]

Meist wird ein solcher Anspruch mit Blick auf SchülerInnen und LehrerInnen formuliert, dieser gilt aber ebenso für den Unterrichtsgegenstand selbst. So sind biblische Geschichten nicht isoliert, sondern immer vor dem Hintergrund der Vielstimmigkeit und Vielgestaltigkeit des gesamten Kanons zu betrachten. Schnell sieht man sich dabei aber mit dem Problem konfrontiert, dass in der Bibel keineswegs immer das Hohelied der Inklusion gesungen wird, sondern inklusive Hoffnungsbilder neben exklusiven Forderungen stehen und sich erhebliche Widersprüche ergeben können, wie im Folgenden an einigen Textbeispielen dargelegt werden soll. Gerade im Sinne der Heterogenitätsfähigkeit dürfen diese aber nicht ausgeblendet werden, etwa durch eine einseitige Textauswahl, auch wenn dadurch das Inklusionsparadigma in Frage gestellt werden sollte. Dieses Dilemma verstärkt sich noch, da sich derartige Spannungen, ob nun im Sinne eines weiteren oder engeren Inklusionsbegriffs, nicht nur zwischen einzelnen biblischen Büchern finden, sondern teilweise bis hinein in einzelne Texte reichen, wie die vorgestellten Interpretationszugänge zu Heilungsgeschichten gezeigt haben. Dass gut gemeinte Versuche, ausschließlich die heilbringenden und inklusiven Aspekte hervorzuheben, keine Lösung bieten, oftmals sogar eher das Gegenteil bewirken, soll in diesem Zusammenhang nochmals an einigen wenigen Beispielen aus dem Religionsunterricht verdeutlich werden. Besonders Kontrastierungen wie gesund – krank oder behindert – nichtbehindert und Metaphorisierungen, mittels derer die befreiende und inklusive Wirkung der Heilungen Jesu und die damit verbundene Exklusivität des Heilsangebotes betont werden sollen, führen offensichtlich erst recht zu erneuter Exklusion.

Auf Grund dieser Bedenken stellt sich konsequenterweise die Frage, ob überhaupt und wenn ja wie biblische Heilungsgeschichte in einem inklusiven Religionsunterricht zu behandeln sind. Nicht zuletzt deshalb, weil Wundergeschichten zum Grundbestand der Evangelien gehören, kann die Antwort auf keinen Fall darin bestehen, Heilungsgeschichten in Lehrplänen einfach unberücksichtigt zu lassen. Vielmehr geht es darum, auch bei der Interpretation der Heilungsgeschichten die Spannung zwischen Inklusion und Exklusion wahrnehmen und aushalten zu können, ohne auf einen der beiden Pole beharren zu müssen. Ein offener Austausch darüber bietet die Chance, persönliche Wünsche und Sehnsüchte zu beschreiben, diese aber im Vergleich mit den Perspektiven und Bedürfnissen anderer zu relativieren und eigene Vollkommenheitsphantasien und Normalitätsklischees aufzudecken. Erst in der kontroversen Auseinandersetzung kann sich der Anspruch der Pluralitäts- und Heterogenitätsfähigkeit realisieren und DialogpartnerInnen können entsprechend der biblischen Polyphonie zu einer vielstimmigen Erzählgemeinschaft zusammenwachsen, die weder nach innen noch nach außen Grenzen definieren muss.

10.1 Widerspruchsvolle Spannungen zwischen Inklusion und Exklusion

Fragt man im religionspädagogischen Zusammenhang nach bibeltheologischen Deutungsmustern zum Verständnis von Inklusion, werden neben schöpfungstheologischen besonders christologische und trinitätstheologische Begründungszusammenhänge genannt. Die theologische

Anthropologie beispielsweise setzt, um nur einige wenige Stichworte zu erwähnen, selbstverständlich bei der Gottebenbildlichkeit des Menschen (Gen 1,26f.) und der daraus erwachsenden voraussetzungslosen, unverfügbaren und unverlierbaren Menschenwürde an. Mit Jesus Christus, dem gekreuzigten Auferstandenen, kommen dann anthropologische Grundaussagen wie Verletzlichkeit und Fragmentarität in den Blick, mit dem trinitarischen Gottesbild Aspekte wie Beziehung und Verschiedenheit in der Einheit. Zudem wird Inklusion im religionspädagogischen Kontext über biblische Metaphern und Erzählungen, etwa das Bild vom Leib und den vielen Gliedern in 1 Kor 12 und die inklusive Praxis Jesu, begründet.[281] Ohne jede Einschränkung gilt dabei, dass neutestamentliche Grundperspektiven, wie das Verständnis von Gemeinschaft oder die Haltung der Nächstenliebe sowie Hoffnung aufgrund der göttlichen Heilszusage, behilflich sein können, »den (gerade auch von allgemein pädagogischer Seite) eindringlich geforderten Prozess der ›Einstellungsänderung‹ und des ›Umdenkens‹ hin auf ›Inklusion als Selbstverständlichkeit‹ zu bereichern und nachhaltig zu fördern«[282].

Gleichzeitig bleibt kritisch einzuwenden, ob die Bibel dabei manchmal nicht allzu schnell als Musterbeispiel inklusiven Denkens und Handelns vereinnahmt wird. Nur selten werden exklusive Aussagen in der Bibel berücksichtigt; Botschaften, deren Anspruch sich eben nicht für alle LeserInnen gleichermaßen als inklusiv erschließt, werden kaum relativiert. Pluralitätsfähigkeit als eine Voraussetzung inklusiven Denkens müsste sich aber gerade darin zeigen, die Bibel als vielstimmigen Echoraum menschlicher Erfahrungen wahrzunehmen, in dem sich eben nicht nur inklusive Ansprüche finden, sondern ebenso exklusive und in dem zwischen diesen beiden Polen wiederum – je nach Kontextbedingungen – verschiedene Interpretationsvarianten möglich und notwendig erscheinen.

Ausgehend von einem weiten Inklusionsbegriff wird die widerspruchsvolle Spannung zwischen Exklusion und Inklusion in der Bibel beispielsweise deutlich, wenn in Dtn 23,4 Ammoniter und Moabiter für immer von der Versammlung des Herrn ausgeschlossen werden, die Rut-Erzählung dagegen gerade von der Aufnahme einer Moabiterin in die Volksgemeinschaft lebt. Wird vom matthäischen Jesus deklassierendes Verhalten und verbale Aggression heftig kritisiert (vgl. Mt 5,21–24), beschimpft er selbst Schriftgelehrte und Pharisäer als Heuchler und vergleicht sie mit getünchten Gräbern, »die von außen schön aussehen, innen aber voll sind von Knochen der Toten und aller Unreinheit« (Mt 23,27). Im Lukasevangelium können inkludierende Grenzöffnungen (Lk 9,50: »[W]er nicht gegen euch ist, der ist für euch.«) neben exkludierende Grenzziehungen (Lk 11,23: »Wer nicht mit mir ist, der ist gegen mich.«) stehen.[283] Diese von Martin Leutzsch genannten Beispiele ließen sich ohne Schwierigkeit noch weiter ergänzen. So ist etwa in Mt 7,8 die Rede davon, dass jedem, der anklopft, geöffnet wird, andererseits aber im Gleichnis von den zehn jungen Frauen davon (Mt 25,11f.), dass die zu spät Kommenden trotz ihrer verzweifelten Bitte »Herr, Herr, mach uns auf!« mit der Begründung zurückgewiesen werden: »Amen, ich sage euch: Ich kenne euch nicht.«

Solche Spannungen zwischen Inklusion und Exklusion ergeben sich aber nicht nur auf der Grundlage eines sehr weiten Inklusionsbegriffs, sondern spitzen sich im Gegenteil noch zu, wenn man, wie in diesem Buch gezeigt wurde, in der Bibel Antworten auf die Frage nach dem Umgang mit Behinderung sucht. Je nach Perspektive sind biblische Heilungsgeschichten als besondere Zuwendung Jesu zu Ausgegrenzten und als Hoffnung auf ein universales Heil zu verstehen. Zugleich können sich gerade in den Heilungen erneut Erfahrungen der Ausgrenzung spiegeln, da mit diesen Heilsangeboten eben bestimmte Vollkommenheits- und Normalitätsvorstellungen verbunden sind.

Die in der Inklusionsdebatte zu Recht eingeforderte Pluralitäts- und Heterogenitätsfähigkeit muss sich bei der Behandlung biblischer Geschichten im Religionsunterricht in der bewussten Wahrnehmung dieser Spannung zwischen Exklusion und Inklusion zeigen. Speziell für die Interpretation neutestamentlicher Heilungsgeschichten bedeutet dies, verschiedenen, auch kontroversen Stimmen Raum zu geben und nicht zu suggerieren, es gäbe die eine richtige Lösung. Wie das nachfolgende Kapitel zeigt, führt die einseitige Betonung einzelner Aspekte, die auf den ersten Blick als besonders inklusiv erscheinen mögen, erst recht zur Zementierung exkludierender Perfektibilitätsphantasien. Die Beispiele reichen dabei von sogenannten Empathieübungen, mittels derer sich die SchülerInnen in die besondere Schwere der Krankheit oder Behinderung und in die anschließende Befreiung einfühlen sollen, bis hin zur Darstellung Jesu als des »universalen Problemlösers«[284].

10.2 Exklusion im inklusiven Religionsunterricht

Die Behandlung biblischer Heilungsgeschichten im Religionsunterricht führte in der Vergangenheit oftmals ungewollt zu ausgrenzenden Aussagen, und zwar offenbar deswegen, weil dabei die Frage gar nicht erst in den Blick kam, wie SchülerInnen mit Behinderungen bestimmte Deutungsansätze oder methodische Zugänge aufnehmen könnten. Besonders deutlich wird dies, wenn man sich bestimmte Formulierungen der letzten Lehrplangeneration anschaut, in der Fragen der Inklusion offensichtlich noch keinerlei Rolle spielen.

Im bayerischen Grundschullehrplan für evangelische beziehungsweise katholische Religionslehre in der Jahrgangsstufe 2 aus dem Jahr 2000 ist im Kontext von Heilungsgeschichten beispielsweise die Rede davon, dass die Kinder darauf aufmerksam werden sollen, »wie Jesus Menschen hilft, wieder am Leben in seiner Fülle teilzunehmen«, oder Geheilte »nun ungehindert am Leben in der Gemeinschaft teilnehmen«[285] können. Klischeehafte Vorstellungen über ein Leben mit Krankheit oder Behinderung werden zwar nicht offen benannt, aber implizit mitgedacht, wenn der Lehrplan vermeintlich positiv formuliert, Jesus wolle, »dass keiner durch seine Krankheit ausgeschlossen und damit ohne Hoffnung«[286] bleibe. Neben solchen unausgesprochenen Kontrastierungen behindert – nichtbehindert finden sich ebenso relativierende Metaphorisierungen von Behinderung, wenn die SchülerInnen »über Situationen und Verhaltensweisen nachdenken [sollen], die sich ›lähmend‹ auf das Zusammenleben auswirken«[287]. Erfahrungsübungen, die die SchülerInnen dazu auffordern, sich zum Beispiel in einen gehörlosen Menschen und seine Wünsche und Hoffnungen hineinzuversetzen,[288] reduzieren Menschen mit Behinderung einmal mehr auf wenige Differenzmerkmale und bedienen Stereotypen, um die Heilungen Jesu besonders hervorzuheben.

Auch wenn neue Lehrpläne dezidiert eine Pädagogik der Vielfalt und einen Inklusionsbegriff einfordern, der eine »Segregation anhand bestimmter Merkmale« ablehnt und »auf eine Lebenswelt ohne Ausgrenzung« zielt sowie »Diversität bzw. Heterogenität als Normalfall, Bereicherung und Bildungschance« begreift,[289] finden sich im Zusammenhang mit Heilungserzählungen Aussagen wie »Zeichen der befreienden Liebe Gottes« (in Bezug auf die Heilung des blinden Bartimäus in Mk 10,46–52)[290] oder »neues Leben und Heil durch Jesu Wirken«[291] (in Bezug auf die Heilung eines Taubstummen in Mk 7,31–37), die indirekt nahelegen, den Zustand vor der Heilung mit Unfreiheit und Unheil zu verbinden.

Die in älteren Lehrplänen empfohlenen Empathieübungen und die damit unbewusst verbundene Funktionalisierung der Körpererfahrungen von Menschen mit Behinderung werden bis heute in bibeldidaktischen Auseinandersetzungen mit Heilungserzählungen als methodische Bausteine empfohlen, um etwa bei der Heilung der gekrümmten Frau in Lk 13,10–17 SchülerInnen durch zunächst gekrümmtes und anschließend aufrechtes Gehen zu vermitteln, »wie sehr die Hoffnung auf Heilung [...] Lebensperspektiven verändern kann«[292]. Die bereits 1998 von Dorothee Wilhelm sehr deutlich geäußerten Vorbehalte gegenüber solchen Versuchen, »das Sich-Aufrichten der gekrümmten Frau als Befreiungsprozeß nachzuempfinden«[293], weil damit nur die Normalisierungsperspektive derer unterstrichen wird, »die sich selbst für nichtbehindert halten«[294], bleiben bis heute offenbar vielfach ungehört.

Behindertsein wird auch in neueren Materialien für den Religionsunterricht im wahrsten Sinne des Wortes immer noch in düstersten Farben gezeichnet und mit Hoffnungslosigkeit, Unglück und Einsamkeit gleichgesetzt, wie beispielsweise die dynamische Erzählung »Die Heilung des Gelähmten« zeigt, die Kindern in den beiden ersten Grundschulklassen helfen soll, Mk 2,1–12 nacherleben und -spielen zu können:

»Nun könnt ihr den Gelähmten sehen: Er liegt da, schwach und sieht ängstlich aus. Die Sonne blendet ihn, er kneift die Augen zu und sieht gar nicht glücklich aus. ›Ich habe euch doch gesagt, dass das nix wird! Zu viele Leute – da hat Jesus keine Zeit für mich‹, sagt er, ›bringt mich wieder nach Hause und lasst mich in Ruhe in meiner dunklen Kammer, bis der Tod mich holt!‹ In diesen Worten wohnt keine Hoffnung ... sein Herz fühlt sich an wie ein großer, dunkler, schwerer Stein – so, wie sein Körper sich anfühlt. [...] Früher, ja, da konnte er noch mit anderen Kindern Ball spielen – aber eines Tages begann die Krankheit und der Ball entglitt seinen Händen. [...] alle Muskeln wurden schwach und schwächer und er wurde einsam und einsamer. Nur die vier hielten zu ihm. Und die haben ihn heute aus der Dunkelheit seiner Hütte geholt. [...] Die Menschen sehen den Gelähmten, seinen dürren, leblosen Körper. Sie sehen sein unglückliches Gesicht, sie fühlen die ganze Dunkelheit seines Herzens, als wäre er abgekehrt von Gott und von den Menschen – ob Jesus wohl so eine schlimme Krankheit heilen kann? [...] Jesus schaut den

Gelähmten an, wie ihn schon so lange niemand mehr angeschaut hat. [...] ›Dunkelheit verschwinde aus deiner Seele, du bist frei von Schuld. Gott will in deinem Herzen wohnen, er hat dich so lieb, schon immer. [...].‹«[295]

Der Versuch, die Rede von der Sünde durch die Metapher der Dunkelheit zu ersetzen, führt nicht zu einer kindgerechten Behandlung dieser, wie zu sehen war, ohne Zweifel nicht nur für jüngere SchülerInnen schwer verständlichen Perikope, sondern letztlich dazu, wenn auch ungewollt, Konstruktionen von Behinderung bereits im Kindesalter zu befördern. Es braucht eigentlich nicht erwähnt zu werden, dass eine solche Erzählung wohl kaum dem bereits genannten Kriterium von Ulrich Bach genügen kann, Heilungserzählungen nur dann richtig verstehen zu können, wenn behinderte Menschen dadurch nicht gekränkt werden.[296] Besonders problematisch wird die Arbeit mit solchen Materialien, wenn in inklusiven Klassen auch SchülerInnen mit Behinderungen mit derartigen Klischees konfrontiert werden.[297]

Die entschiedene Forderung, solche behindertendiskriminierenden Zugänge zu biblischen Heilungsgeschichten zu vermeiden, impliziert aber keineswegs die Notwendigkeit irgendwelcher methodisch-didaktischer ›Sonderwege‹. Kinder mit Behinderungen gehen nicht grundsätzlich anders mit Heilungsgeschichten um als ihre KlassenkameradInnen ohne Behinderungen. Wie die Untersuchungen von Janieta Bartz zeigen, darf von einem ebenso weiten Deutungsspektrum ausgegangen werden, auch wenn SchülerInnen mit Behinderungen möglicherweise bereits früher den Unterschied zwischen der erzählten Welt der Heilungsgeschichten und der Gegenwart wahrnehmen, da sie schon darin geübt sind, »sich selbst und die Schülerinnen und Schüler mit Fähigkeiten und Grenzen so zu schätzen, wie sie sind«[298]. Wünsche nach Heilung, wie sie klischeehaft immer wieder mit Menschen mit Behinderung verbunden werden, stehen eher im Kontrast zu einer solchen Haltung der gegenseitigen Wertschätzung und dürfen auch bei Kindern und Jugendlichen mit Einschränkungen keinesfalls als primäre Deutungsbrille vorausgesetzt werden, »auch wenn sie als solche vorkommen mögen«[299]. Prinzipiell andere Zugänge zu Heilungsgeschichten bei Kindern und Jugendlichen mit Behinderungen anzunehmen, würde wiederum von fatalen Pauschalisierungen ausgehen, die glauben, eine Differenz zwischen behindert und nichtbehindert eindeutig beschreiben und Menschen mit Behinderung in eine klar zu definierende Gruppe subsumieren zu können, ohne, wie oben dargestellt, wahrnehmen zu wollen, »dass es sich bei Behinderung nicht um eine eindeutige Kategorie handelt, sondern um einen höchst komplexen, eher unscharfen Oberbegriff, der sich auf eine bunte Mischung von unterschiedlichen körperlichen, psychischen und kognitiven Merkmalen bezieht«[300].

10.3 Heilungsgeschichten im inklusiven Religionsunterricht

Auch wenn Spannungen zwischen Exklusion und Inklusion in den Texten selbst nicht aufzuheben sind und individuelle Zugänge zu den biblischen Erzählungen die Vielstimmigkeit der Deutungen erhöhen, sind das keine Argumente gegen die Behandlung von Heilungsgeschichten im Religionsunterricht, erst recht nicht in einen Unterricht, der von einem inklusiven Anspruch ausgeht. Ganz im Gegenteil kann sich gerade in dieser bereits in der Bibel angelegten Polyphonie die Pluralitäts- und Heterogenitätsfähigkeit zeigen, allerdings unter der Voraussetzung, keine eindeutigen ›Lösungen‹ und Interpretationen als Ergebnis des Unterrichts anstreben zu wollen, sondern gerade in kontroversen Überlegungen eine Bereicherung zu entdecken, die dazu anregen kann, eigene Positionen zu relativieren.

Insofern lässt sich auch nicht *der* richtige Ansatz für die Behandlung biblischer Heilungsgeschichten im inklusiven Religionsunterricht benennen. Vielmehr geht es vor allem darum, methodische Vorgehensweisen dezidiert auszuschließen, die exkludierende Deutungen implizieren.

Vor dem Hintergrund der im letzten Kapitel aufgeführten Beispiele legt es sich nahe, grundsätzlich auf sogenannte Empathieübungen zu verzichten, bei denen sich SchülerInnen zum Beispiel blind oder gekrümmt durch den Klassenraum bewegen. Diese bedienen letztlich eine Reduzierung anderer Menschen auf ein oder mehrere Differenzmerkmale und damit eine Mitleidshaltung, die wiederum zu weiteren Ausgrenzungen führt.[301] Gleichermaßen sollten kontrastierende oder metaphorisierende Auslegungen von Heilungsgeschichten vermieden werden, da sie die (Körper-)Erfahrungen von Menschen mit Behinderung häufig funktionalisieren oder verharmlosen. SchülerInnen sollten in der Begegnung mit Heilungsgeschichten »nicht in erster Linie einen allmächtigen Gott kennen lernen, der alle Behinderungen und Grenzen beseitigt, sondern einem gegenwärtigen

Gott begegnen, der begleitet und im Leben nahe ist«[302]. Ebenso wenig geht es in Heilungsgeschichten um besondere medizinische Fähigkeiten oder gar die Zauberkraft Jesu, sondern um seine uneingeschränkte Hinwendung zu Menschen, vor allem zu ausgegrenzten.

Um SchülerInnen zu Perspektivenwechsel und einer Infragestellungen eigener Vollkommenheitsphantasien anzuregen, kann es hilfreich sein, sie mit den oben bereits vorgestellten »Nachgeschichten« von Susanne Krahe zu konfrontieren. Fokusverschiebungen können dazu beitragen, den Blick zu weiten und nicht die Einschränkungen, sondern insbesondere die vielfältigen Fähigkeiten und Möglichkeiten der in den biblischen Texten vorgestellten Personen wahrzunehmen. So zeigt etwa die Geschichte vom blinden Bartimäus einen Menschen, »der in der Lage ist, seine Handlungsräume selbst sinnvoll zu nutzen«, und erzählt nicht vom »Verschwinden störender Eigenschaften«, sondern vom »Beginn der irritierenden Jesusnachfolge«.[303]

Die verschiedenen Möglichkeiten der Perspektivenwechsel oder Fokusverschiebungen dürfen aber nicht darüber hinwegtäuschen, dass Heilungserzählungen nicht nur von Erwachsenen unterschiedlich gelesen werden (können). Auch bei Kindern und Jugendlichen wird sich die gesamte Bandbreite an Interpretationen zwischen inklusiven Hoffnungsgeschichten und exklusiven Normalisierungsgeschichten wiederfinden lassen, wenn auch mit anderen Begrifflichkeiten oder Sprachbildern. Im Sinne der Pluralitäts- und Heterogenitätsfähigkeit eines inklusiven Religionsunterrichts gilt es nicht nur, die Spannungen und Widersprüche zwischen den verschiedenen Lesarten auszuhalten, sondern gerade in ihrer Vielstimmigkeit die Möglichkeit zu entdecken, eigene Verstehensvoraussetzungen und Interpretationszugänge zu hinterfragen oder sogar in Frage zu stellen.

11. Pluralität und Fragilität der Interpretationsversuche

Pluralität ist eines der zentralen Stichworte neuerer hermeneutischer Entwürfe. Dabei werden sowohl die Vielstimmigkeit der biblischen Texte selbst als auch die mehrperspektivischen Verstehenszugänge betont. Prägnant bringt dies etwa Gerd Theißen in seiner Bibelhermeneutik zum Ausdruck, wenn er einleitend schreibt: »Ausgangspunkt ist, dass wir schon in der Bibel eine Pluralität von Standpunkten und Meinungen finden, die sich nicht harmonisieren lassen. Selbst ihre grundlegenden Überzeugungen bestehen in einer spannungsvollen Pluralität von Axiomen und Grundmotiven, dazu kommt eine Offenheit von Sinndeutungen in jedem einzelnen Text [...] Die Polyphonie der Bibel und ihrer vielen Sinndimensionen kann nur durch eine Pluralität von Methoden und Ansätzen zum Klingen gebracht werden.«[304] Diese Vielstimmigkeit verlangt in der Konsequenz ein Umkreisen und Umschreiten der Texte, und zwar, wie hier eingangs zum Verständnis von Wundergeschichten erwähnt, innerhalb des hermeneutischen Dreiecks aus Text, Autor und LeserIn.[305] Zunehmend wird in diesem Zusammenhang aber auch nach den Grenzen des Verstehens gefragt und die »Fragilität der Interpretationsversuche«[306] angesprochen.

Wie in den letzten Kapiteln zu sehen war, zeigen sich Buntheit und Bruchstückhaftigkeit der Verstehensmöglichkeiten insbesondere auch bei der Deutung biblischer Heilungsgeschichten. Die Ursachen dafür sind vielfältig, nicht nur weil uns gerade in den Wundergeschichten »fremde Welten«[307] begegnen, an die wir uns mit unserem heutigen Wirklichkeitsverständnis nur bedingt annähern können, sondern da uns vielfach auch die Kenntnis vorausgesetzter Realien und die Möglichkeit der Vergleichbarkeit mit modernen Krankheitsbildern oder Behinderungsvorstellungen fehlen. Die Heilungsgeschichten erzählen einerseits von der weltverändernden Dynamis Gottes, indem sie geschickt Bilder einer paradiesischen Urzeit und erhofften Endzeit aufeinander beziehen und mit der Gegenwart und Zukunft der LeserInnen verschränken, andererseits müssen sie sich im Sinne einer doppelten Kontextanalayse mit der deutungsverändernden Wirkung menschlicher Zerbrechlichkeit konfrontieren lassen. Angesichts von Pluralität und Heterogenität menschlicher Wirklichkeit sowie der Fragilität des Menschen und der Widersprüchlichkeit seiner Erfahrungen darf und muss wohl auch die Lektüre biblischer Heilungsgeschichten darauf verzichten, eindeutige Interpretationen vorlegen zu wollen. Trotz aller Aporie mag sie aber in der Fragmentarität und Vorläufigkeit der Deutungsversuche eine gewisse Stimmigkeit zwischen hermeneutischem Anspruch und exegetischer Realität entdecken. Wer über Vielstimmigkeit und Begrenztheit des Menschen und über narrative Ausdrucksformen seiner Zerbrechlichkeit nachdenkt, sollte eigentlich nicht überrascht sein, wenn sich diese auch sprachlich und methodisch nur als solche, also polyphon und fragmentarisch, fassen lassen.

Pluralitäts- und Heterogenitätsfähigkeit als Kriterium eines inklusiven

Anspruchs sind also nicht nur auf die Kommunikationskompetenzen der beteiligten Personen, im Religionsunterricht der SchülerInnen und LehrerInnen, zu beziehen. Es genügt auch nicht, diese auf den Gegenstand hin zu weiten und bei der Lektüre der Bibel sowohl inklusive als auch exklusive Forderungen oder im Fall der Heilungsgeschichten deren Verdichtung in ein und demselben Text zu berücksichtigen. Vielmehr wird man sich auch bei den methodisch-exegetischen Zugängen der Notwendigkeit eines polyphonen Umkreisens und der gleichzeitigen Fragilität und Fragmentarität der Interpretationsversuche bewusst sein müssen, ohne aber dabei nun erneut Körpererfahrungen anderer für das eigene Tun zu metaphorisieren und zu funktionalisieren.

Ein solchermaßen inklusiver und dis/abilitykritischer Deutungsansatz biblischer Heilungsgeschichten kann damit zur Chance und Herausforderung werden, Spannungen zwischen Exklusion und Inklusion nicht glätten zu wollen, sondern eigene Normalitätsvorstellungen und Perfektibilitätsphantasien als Teil der Konstruktion von Nicht/Behinderung zu hinterfragen, zugleich aber auch Hoffnungsimpulse anderer aufzunehmen und an einem Bild weiter zu ›malen‹, das die Buntheit und Vielfalt aller Menschen in gleicher Weise zu berücksichtigen vermag. Wie die Nachgeschichten von Susanne Krahe zeigen, können solche Visionen gerade aus dem kritischen Dialog mit biblischen Texten erwachsen. Messianische Hoffnungsbilder sind dann nicht nur als Hinweise auf Gottesdimensionen zu verstehen, die alle Grenzen menschlicher Vorstellungen sprengen, sondern lassen erahnen, dass die Menschen – im Sinne einer Fortschreibung von Jes 29,18 – »an jenem Tag die

Worte des Buches« und ebenso einander in ihrer Einzigartigkeit und mit ihren individuellen Begabungen wahrnehmen und wertschätzen werden können.

Anmerkungen

1. Kapitel

1 | Gerhard Büttner, Art. Heil/Heilung, in: ders. u.a. (Hg.), Handbuch Theologisieren mit Kindern. Einführung – Schlüsselthemen – Methoden, Stuttgart/München 2014, 262–266, bes. 264f.

2 | Gisbert Greshake, Art. Auferstehung. VI. Systematisch-theologisch, in: LThK [3]I (2006), Sp. 1202–1206, 1202.

3 | Auf der Seite der Bundesbeauftragten der Bundesregierung für die Belange behinderter Menschen (http://www.behindertenbeauftragte.de [01.02.17]) findet sich eine Anfang 2015 herausgegebenen Broschüre, die neben der englischen Originalversion der »Convention on the Rights of Persons with Disabilities« und der amtlichen, gemeinsamen Übersetzung von Deutschland, Österreich, Schweiz und Lichtenstein auch die sog. Schattenübersetzung (2009) vom NETZWERK ARTIKEL 3 e.V. und eine Erklärung in leichter Sprache beinhaltet.

4 | Vgl. Kari Vogt, »Männlichwerden« – Aspekte einer urchristlichen Anthropologie, in: Concilium 21 (1985), 434–442, 438; Elisabeth Gössmann/Haruko Okano, Himmel ohne Frauen? Zur Eschatologie des weiblichen Menschseins in östlicher und westlicher Tradition, in: dies./Günter Zobel (Hg.), Das Gold im Wachs. FS Thomas Immoos, München 1988, 397–426, 403f.; Elisabeth Gössmann, Art. Auferstehung (des Leibes). Geschichte, in: WFT [2]2000, 49–52; Reinhart Herzog, Vom Aufhören. Darstellungsformen menschlicher Dauer im Ende, in: Peter Habermehl (Hg.), Spätantike. Studien zur römischen und lateinisch-christlichen Literatur (Hypomnemata/Supplement-Reihe 3), Göttingen 2002, 349–405, 376.

5 | Vgl. z.B. Karl-Heinz Leven, Art. Behinderte, in: ders. (Hg.), Antike Medizin. Ein Lexikon, München 2005, Sp. 141–143; Robert Garland, The Eye of the Beholder. Deformity and Disability in the Graeco-Roman World, London [2]2010, 8f.

6 | Vgl. https://www.un.org/development/desa/disabilities/convention-on-the-rights-of-persons-with-disabilities/frequently-asked-questions-regarding-the-convention-on-the-rights-of-persons-with-disabilities.html#sqc3 (01.02.17).

7 | Vgl. Christian Laes, Introduction. Disabilities in the ancient world – past, present and future, in: ders. (Hg.), Disability in Antiquity, London/New York 2017, 1–21, 4–7.

2. Kapitel

8 | Vgl. Ruben Zimmermann, Von der Wut des Wunderverstehens. Grenzen und Chancen einer Hermeneutik der Wundererzählungen, in: Bernd Kollmann/ders. (Hg.), Hermeneutik der frühchristlichen Wundererzählungen. Geschichtliche, literarische und rezeptionsorientierte Perspektiven (WUNT 339), Tübingen 2014, 27–52, 46–50.

9 | Vgl. Werner Kahl, Die Bibel unter neuen Blickwinkeln. Exegetische Forschung im Umbruch, in: BiKi 61 (2006), 166–170.

10 | Zimmermann, Von der Wut des Wunderverstehens, 46.

11 | Vgl. Ruben Zimmermann, Wundert euch wieder…, in: ders. u.a. (Hg.), Kompendium der frühchristlichen Wundererzählungen Bd. 1. Die Wunder Jesu, Gütersloh 2013, 1–3, 1.

12 | Vgl. im Folgenden Markus Schiefer Ferrari, Wunderbare Aussichten – Biblische Heilungs- und Speisungsgeschichten im inklusiven Religionsunterricht am Beispiel von Mt 15,29–39, in: Heike Lindner/Monika Tautz (Hg.), Heterogenität und Inklusion. Herausforderungen für die Religionspädagogik, Theorieband (Kölner Studien zur Religionspädagogik 2), Münster u.a. 2017 (im Erscheinen).

13 | Bernd Kollmann, Von der Rehabilitierung mythischen Denkens und der Wiederentdeckung Jesu als Wundertäter. Meilensteine der Wunderdebatte von der Aufklärung bis zur Gegenwart, in: ders./Ruben Zimmermann (Hg.), Hermeneutik der frühchristlichen Wundererzählungen. Geschichtliche, literarische und rezeptionsorientierte Perspektiven (WUNT 339), Tübingen 2014, 3–25, bes. 6–8; ders., Neutestamentliche Wundergeschichten. Biblisch-theologische Zugänge und Impulse für die Praxis (Kohlhammer-Urban-Taschenbücher 477), Stuttgart [3]2011, 14f.

14 | Vgl. z.B. Renate Maria Zerbe, Jesus – ein wunderbarer Mensch. Wundererzählungen im Religionsunterricht der 3. und 4. Klasse. Mit Kopiervorlagen und Schülerlexikon, Donauwörth 2009, 35; Annegret Langenhorst, Die wunderbare Kompetenzvermehrung. Eine Doppelstunde

zu Mk 6 (Speisung der 5000) in der 7. Klasse, in: Kontakt. Informationen zum Religionsunterricht im Bistum Augsburg 8 (2015), 46–55.

15 | Jens Herzer, Neutestamentliche Wundergeschichten als hermeneutische Herausforderung, in: Martin Beyer/Ulf Liedke (Hg.), Wort Gottes im Gespräch. FS Matthias Petzoldt, Leipzig 2008, 233–251, 249.

16 | AaO., 251.

17 | Zitiert nach Jörn Rüsen, Kann gestern besser werden? Essays zum Bedenken der Geschichte (Kulturwissenschaftliche Interventionen 2), Berlin 2003, 17–44, 21.

18 | Michael Labahn, Wunder verändern die Welt. Überlegungen zum sinnkonstituierenden Charakter von Wundererzählungen am Beispiel der so genannten »Geschenkwunder«, in: Bernd Kollmann/Ruben Zimmermann (Hg.), Hermeneutik der frühchristlichen Wundererzählungen. Geschichtliche, literarische und rezeptionsorientierte Perspektiven (WUNT 339), Tübingen 2014, 369–393, 377.

19 | Gerd Theißen, Urchristliche Wundergeschichten. Ein Beitrag zur formgeschichtlichen Erforschung der synoptischen Evangelien (StNT 8), Gütersloh 1974 (=[7]1998), 295–297; ders., Wunder Jesu und urchristliche Wundergeschichten. Historische, psychologische und theologische Aspekte, in: Bernd Kollmann/Ruben Zimmermann (Hg.), Hermeneutik der frühchristlichen Wundererzählungen. Geschichtliche, literarische und rezeptionsorientierte Perspektiven (WUNT 339), Tübingen 2014, 67–86, 84–86.

20 | Ulrich Luz, Das Evangelium nach Matthäus. Mt 8 – 17 (EKK 1/2), Zürich u.a. 1990, 442f.; Theißen, Urchristliche Wundergeschichten, 121–125.

21 | Vgl. Beate Kowalski, Jesus sättigt ganz Israel (Die Speisung der Fünftausend) Mt 14,13–21, in: Ruben Zimmermann u.a. (Hg.), Kompendium der frühchristlichen Wundererzählungen Bd. 1. Die Wunder Jesu, Gütersloh 2013, 442–453, 452.

22 | Vgl. Dorothee Wilhelm, Wer heilt hier wen? Und vor allem: wovon? Über biblische Heilungsgeschichten und andere Ärgernisse, in: Schlangenbrut o.Jg. (1998), Heft 62, 10–12.

23 | Susanne Krahe/Ulrike Metternich, Kraft oder Kränkung – Heilungsgeschichten im Neuen Testament kontrovers diskutiert, in: Ilse Falk u.a. (Hg.), So ist mein Leib. Alter, Krankheit und Behinderung – feministisch-theologische Anstöße, hg. im Auftrag der Evangelischen Frauen in Deutschland (EFiD), Gütersloh 2012, 25–43, 38.

24 | Vgl. Bernd Kollmann/Ruben Zimmermann, Vorwort, in: dies. (Hg.), Hermeneutik der frühchristlichen Wundererzählungen. Geschichtliche, literarische und rezeptionsorientierte Perspektiven (WUNT 339), Tübingen 2014, V–VII.

25 | Vgl. z.B. Gerhard Büttner, Art. Heil/Heilung, in: ders. u.a. (Hg.), Handbuch Theologisieren mit Kindern. Einführung – Schlüsselthemen – Methoden, Stuttgart/München 2014, 262–266, bes. 264f.

3. Kapitel

26 | Ulrich Bach, Ohne die Schwächsten ist die Kirche nicht ganz. Bausteine einer Theologie nach Hadamar, Neukirchen-Vluyn 2006, 407–491, 409.

27 | Ebd.

28 | Ulrich Bach, Mögliche Zugänge zu meinem Buch: Ohne die Schwächsten ist die Kirche nicht ganz. Bausteine einer Theologie nach Hadamar, Neukirchen 2006, in: http://www.ulrich-bach.de/Bach_Lesehilfe.pdf (17.07.16), 3.

29 | Gott ist ein Freund des Lebens. Herausforderungen und Aufgaben beim Schutz des Lebens. Gemeinsame Erklärung des Rates der Evangelischen Kirche in Deutschland und der Deutschen Bischofskonferenz in Verb. mit den übrigen Mitglieds- und Gastkirchen der Arbeitsgemeinschaft christlicher Kirchen in der Bundesrepublik Deutschland und Berlin (West), hg. vom Kirchenamt der Evangelischen Kirche in Deutschland und vom Sekretariat der Deutschen Bischofskonferenz, Trier 1989, 94; zu den kritischen Einwänden Bachs vgl. Ulf Liedke, Beziehungsreiches Leben. Studien zu einer inklusiven theologischen Anthropologie für Menschen mit und ohne Behinderung (APTLH 59), Göttingen 2009, 46–75, bes. 65, und Anne Krauß, Barrierefreie Theologie. Das Werk Ulrich Bachs vorgestellt und weitergedacht (Behinderung – Theologie – Kirche 8), Stuttgart 2014, 84 Anm. 195.

30 | Ulrich Bach, Getrenntes wird versöhnt. Wider den Sozialrassismus in Theologie und Kirche, Neukirchen-Vluyn 1991, 47f.

31 | Ulrich Bach, Mit behinderten Menschen das Evangelium neu entdecken, in: BThZ 11 (1994), 107–123, 118.

32 | Bach, Ohne die Schwächsten, 478.

33 | Ulrich Bach, Theologie nach Hadamar als Theologie der Befreiung. Nach-Denken über: Leonore Siegele-Wenschkewitz, Theologie nach Auschwitz als Theologie der Befreiung, in: Michael Welker (Hg.), Brennpunkt Diakonie. FS Rudolph Weth, Neukirchen-Vluyn 1997, 165–183; vgl. ders., Theologie nach Hadamar als Aufgabe der heutigen Theologie, in: Annebelle Pithan/Gottfried Adam/Roland Kollmann (Hg.), Handbuch Integrative Religionspädagogik. Reflexionen und Impulse für Gesellschaft, Schule und Gemeinde, Gütersloh 2002, 112–118; ders., Ohne die Schwächsten, 333–404.

34 | Bach, Ohne die Schwächsten, 487.

35 | Vgl. Krauß, Barrierefreie Theologie, 45–62, bes. 45f.

36 | Bach, Ohne die Schwächsten, 487.

37 | AaO., 409.

38 | Vgl. aaO., 466f.

39 | Vgl. aaO., 408–412; vgl. im Folgenden insbes. Markus Schiefer Ferrari, Gestörte Lektüre. Dis/abilitykritische Hermeneutik biblischer Heilungserzählungen am Beispiel von Mk 2,1–12, in: Bernd Kollmann/Ruben Zimmermann (Hg.), Hermeneutik der frühchristlichen Wundererzählungen. Geschichtliche, literarische und rezeptionsorientierte Perspektiven (WUNT 339), Tübingen 2014, 627–646, 635–639.

40 | Bach, Ohne die Schwächsten, 444–448.

41 | Liedke, Beziehungsreiches Leben, 67f.

42 | Ulrich Bach, »Heilende Gemeinde«? Versuch, einen Trend zu korrigieren, Neukirchen-Vluyn 1988, 56; vgl. auch Krauß, Barrierefreie Theologie, 91; Bach, Ohne die Schwächsten, 357.

43 | Vgl. auch im Folgenden Krauß, Barrierefreie Theologie, 171f.

44 | Vgl. Henning Luther, Alltagssorge und Seelsorge. Zur Kritik am Defizitmodell des Helfens, in: WzM 38 (1986), 2–17, 12f.

45 | Frank Mathwig, Behindertenseelsorge – oder behindert Seelsorge? Bemerkungen zum theologisch-ethischen Verständnis von Menschen mit Behinderung, in: Behinderung & Pastoral o.Jg. (2006), Heft 7, 14–23, 18.

46 | Vgl. Bach, Ohne die Schwächsten, 432f.

47 | Vgl. z.B. Reinold Schmücker, Zur Funktion der Wundergeschichten im Markusevangelium, in: ZNW 84 (1993), 1–26; Krauß, Barrierefreie Theologie, 119–123.

48 | Wilhelm Dorothee, »Normal« werden – war's das? Kritik biblischer Heilungsgeschichten, in: BiKi 61 (2006), 103–105, 104.

49 | Ebd.

50 | Vgl. zu diesem Absatz aaO.,104f.

51 | Dorothee Wilhelm, Wer heilt hier wen? Und vor allem: wovon? Über biblische Heilungsgeschichten und andere Ärgernisse, in: Schlangenbrut o.Jg. (1998), Heft 62, 10–12, 12.

52 | Vgl. zu diesem Absatz Wilhelm, »Normal« werden, 103f.

53 | Wilhelm, Wer heilt hier wen, 10.

54 | Vgl. Dorothee Wilhelm, Briefe an Anna – Feministische Theologie der Behinderung als Befreiungstheologie, in: Ilse Falk u.a. (Hg.), So ist mein Leib. Alter, Krankheit und Behinderung – feministisch-theologische Anstöße, hg. im Auftrag der Evangelischen Frauen in Deutschland (EFiD), Gütersloh 2012, 157–168, 161; dies., Versöhnung? Wer mit wem? Vor allem: wie?, in: Neue Wege 91 (1997), 222–226, 226.

55 | Vgl. Wilhelm, Versöhnung, 226.

56 | Wilhelm, Briefe an Anna, 164–166.

57 | Wilhelm, Versöhnung, 226; vgl. auch dies., Liebe ZweibeinerInnen, in: Neue Wege 97 (2003), 194f.

58 | Vgl. in Ansätzen bereits in Dorothee Wilhelm, Fremdkörper – Produktive Irritationen in der Begegnung mit Behinderten, in: Gottfried Adam/Roland Kollmann/Annebelle Pithan (Hg.), »Normal ist, verschieden zu sein«. Das Menschenbild in seiner Bedeutung für religionspädagogisches und sonderpädagogisches Handeln. Dokumentation des Vierten Würzburger Religionspädagogischen Symposiums, hg. in Zusammenarbeit mit dem DKV, Münster 1994, 51–59.

59 | Susanne Krahe, Der Geschmack von Blau. Was ich weiß, seit ich nichts mehr sehe, Autobiografie, Neukirchen-Vluyn 2011.

60 | Susanne Krahe, Der defekte Messias. Alternative Passionserzählungen, Neukirchen-Vluyn

2002, 147–149, 147 (= dies., Der defekte Messias, in: Ilse Falk u.a. [Hg.], So ist mein Leib. Alter, Krankheit und Behinderung – feministisch-theologische Anstöße, hg. im Auftrag der Evangelischen Frauen in Deutschland [EFiD], Gütersloh 2012, 77–79, 77).

61 | Susanne Krahe, Markus, der Zweifler, Roman, Neukirchen-Vluyn 2009, 80f.

62 | Susanne Krahe/Ulrike Metternich, Kraft oder Kränkung – Heilungsgeschichten im Neuen Testament kontrovers diskutiert, in: Ilse Falk u.a. (Hg.), So ist mein Leib. Alter, Krankheit und Behinderung – feministisch-theologische Anstöße, hg. im Auftrag der Evangelischen Frauen in Deutschland (EFiD), Gütersloh 2012, 25–43, 34.

63 | Vgl. aaO., 26.

64 | Vgl. aaO., 37–39.

65 | Susanne Krahe, Sonderanfertigung oder Montagsmodell. Behinderte Menschen in der Bibel, in: INFO. Informationen für Religionslehrerinnen und Religionslehrer Bistum Limburg 3 (2002), 162–171, 162 (= dies., Sonderanfertigung oder Montagsmodell. Behinderte Menschen in der Bibel, in: Gottfried Lutz/Veronika Zippert [Hg.], Grenzen in einem weiten Raum. Theologie und Behinderung. Eine Publikation des »Konvents von behinderten SeelsorgerInnen und BehindertenseelsorgerInnen e.V.« [kbS], Leipzig 2007, 33–52, 34).

66 | Vgl. Krahe/Metternich, Kraft oder Kränkung, 39.

67 | Vgl. Krahe, Sonderanfertigung oder Montagsmodell, 170 (bzw. 50).

68 | Vgl. Krahe/Metternich, Kraft oder Kränkung, 29.

69 | Sharon V. Betcher, Disability and the Terror of the Miracle Tradition, in: Stefan Alkier/Annette Weissenrieder (Hg.), Miracles Revisited. New Testament Miracle Stories and their Concepts of Reality (SBR 2), Berlin/Boston 2013, 161–181, 165.

70 | Phyllis Trible, Texts of terror. Literary-feminist readings of biblical narratives, Philadelphia 1984.

71 | Amos Yong, A Review of »Spirit and the Politics of Disablement. Sharon V. Betcher«, in: Journal of Religion, Disability & Health 12 (2008), 203–205, 203.

72 | Vgl. Betcher, Disability and the Terror of the Miracle Tradition, 164–166.

73 | Vgl. Sharon V. Betcher, Spirit and the Politics of Disablement, Minneapolis 2007, 78; dies., Disability and the Terror of the Miracle Tradition, 161f.; vgl. dazu Wolfgang Grünstäudl, Decus und Deformitas. Zur Rezeption neutestamentlicher Heilungserzählungen und der Konstruktion idealer Körperlichkeit in De civitate Dei, in: ders./Markus Schiefer Ferrari/Judith Distelrath (Hg.), Verzwecktes Heil? Studien zur Rezeption neutestamentlicher Heilungserzählungen (BToSt 30), Leuven u.a. 2017, 143–162, 145f.

74 | Vgl. Betcher, Disability and the Terror of the Miracle Tradition, bes. 172–177.

4. Kapitel

75 | Vgl. Detlev Dormeyer, Die Wunder im Markusevangelium. Hinführung, in: Ruben Zimmermann u.a. (Hg.), Kompendium der frühchristlichen Wundererzählungen Bd. 1. Die Wunder Jesu, Gütersloh 2013,193–202, 193f.

76 | Wörtliche Übersetzung.

77 | Reinhard von Bendemann, ›Many-coloured Illnesses …‹ (Mk 1:34). On the Significance of Illnesses in New Testament Therapy Narratives, in: Michael Labahn/Bert Jan Lietaert Peerbolte (Hg.), Wonders never cease. The Purpose of Narrating Miracle Stories in the New Testament and its Religious Environment (LNTS 288), London/New York 2006, 100–124, 100f.

78 | Walter Schmithals, Das Evangelium nach Markus. Kapitel 1,1–9,1 (ÖTBK 2/1), Gütersloh/Würzburg [2]1986, 155f.

79 | Vgl. aaO., 264–282, 281f.

80 | Vgl. Ruben Zimmermann, Krankheit und Sünde im Neuen Testament am Beispiel von Mk 2,1–12, in: Günter Thomas/Isolde Karle (Hg.), Krankheitsdeutung in der postsäkularen Gesellschaft. Theologische Ansätze im interdisziplinären Gespräch, Stuttgart 2009, 222–242.

81 | Vgl. aaO., 232–236.

82 | Vgl. aaO., 242–244.

83 | Vgl. aaO., 244–246.

84 | AaO., 246.

85 | Vgl. aaO., 241.

86 | Paul-Gerhard Klumbies, Die Heilung eines Gelähmten und vieler Erstarrter (»Die Heilung eines Gelähmten«). Mk 2,1–12 (Mt 9,1–8; EvNik 6), in: Ruben Zimmermann (Hg.), Kompen-

dium der frühchristlichen Wundererzählungen Bd. 1. Die Wunder Jesu, Gütersloh 2013, 235–247, 235.

87 | AaO., 237.

88 | Vgl. im Folgenden vor allem Markus Schiefer Ferrari, Gestörte Lektüre. Dis/abilitykritische Hermeneutik biblischer Heilungserzählungen am Beispiel von Mk 2,1–12, in: Bernd Kollmann/Ruben Zimmermann (Hg.), Hermeneutik der frühchristlichen Wundererzählungen. Geschichtliche, literarische und rezeptionsorientierte Perspektiven (WUNT 339), Tübingen 2014, 627–646, 639–643.

89 | Vgl. z.B. Joachim Gnilka, Das Evangelium nach Markus. Mk 1–8,26 (EKK 2/2), Neukirchen-Vluyn/Düsseldorf [6]2008, 95–102, 99; Hanna Roose, Hindernisse überwinden (»Die Heilung eines Gelähmten«). Lk 5,17–26, in: Ruben Zimmermann (Hg.), Kompendium der frühchristlichen Wundererzählungen Bd. 1. Die Wunder Jesu, Gütersloh 2013, 374–379, 377.

90 | Renate Maria Fink, Die Botschaft des heilenden Handelns Jesu (STS 15), Innsbruck/Wien 2000, 48–55, 51.

91 | Vgl. Mathias Rissi, Art. παραλυτικός, in: EWNT[3] III (2011), Sp. 72–74, 73.

92 | Vgl. Dwight N. Peterson, Translating παραλυτικός in Mark 2:1–12. A Proposal, in: BBR 16 (2006), 261–272, 265; Bendemann, Many-coloured Illnesses, 116 Anm. 55; Pedanius Dioscurides aus Anazarba, Fünf Bücher über die Heilkunde, aus dem Griech. übers. von Max Aufmesser (AWTS 37), Hildesheim/Zürich/New York 2002.

93 | Vgl. Peterson, Translating παραλυτικός in Mark 2:1–12, 266f.

94 | Vgl. Rissi, παραλυτικός, Sp. 73.

95 | Vgl. Bendemann, Many-coloured Illnesses, 115; diese Übersetzung ist noch in der revidierten Ausgabe der Lutherbibel von 1984 zu finden, die Lutherbibel 2017 übersetzt nun »Gelähmter«.

96 | Vgl. Peterson, Translating παραλυτικός in Mark 2:1–12, 267–269.

97 | Vgl. aaO., 262–264.270f.

98 | Peter Arzt-Grabner, Behinderungen und Behinderte in den griechischen Papyri, in: Rupert Breitwieser (Hg.), Behinderungen und Beeinträchtigungen/Disability and Impairment in Antiquity (BAR.I 2359/Studies in Early Medicine 2), Oxford 2012, 47–55, 49. »Mit χωλός wird generell der ›Lahme‹ bezeichnet, wobei damit auf eine Gehbehinderung unterschiedlichen Grades und verschiedener Ursachen angespielt werden kann« (48).

99 | Vgl. Reinhard von Bendemann, Christus der Arzt. Krankheitskonzepte in den Therapieerzählungen des Markusevangeliums, in: Josef Pichler/Christoph Heil (Hg.) in Zusammenarbeit mit Thomas Klampfl, Heilungen und Wunder. Theologische, historische und medizinische Zugänge, Darmstadt 2007, 105–129, 109.

5. Kapitel

100 | Dorothee Wilhelm, Wer heilt hier wen? Und vor allem: wovon? Über biblische Heilungsgeschichten und andere Ärgernisse, in: Schlangenbrut o.Jg. (1998), Heft 62, 10–12, 11.

101 | Joachim Kügler, Hungrig bleiben!? Warum das Mahlsakrament trennt und wie man die Trennung überwinden könnte, 2010 Würzburg, 18–23, 20.

102 | Vgl. François Bovon, Das Evangelium nach Lukas. Lk 9,51 – 14,35 (EKK 3/2), Zürich u.a. 1996, 463–523, 464.

103 | Vgl. Bernd Kollmann, Neutestamentliche Wundergeschichten. Biblisch-theologische Zugänge und Impulse für die Praxis (Kohlhammer-Urban-Taschenbücher 477), Stuttgart [3]2011, 85–89.

104 | AaO., 88f.

105 | Vgl. Reinhard von Bendemann, Krankheit in neutestamentlicher Sicht. Ansätze – Perspektiven – Aporien, in: Günter Thomas/Isolde Karle (Hg.), Krankheitsdeutung in der postsäkularen Gesellschaft. Theologische Ansätze im interdisziplinären Gespräch, Stuttgart 2009, 163–185, 182.

106 | Vgl. Hans R. Herbst, Behinderte Menschen in Kirche und Gesellschaft, Stuttgart/Berlin/Köln 1999, 206.

107 | Vgl. http://www.lukas14.de/verein/warum-lukas14 (03.10.2016).

108 | Vgl. Bendemann, Krankheit, 174–178; Jörg Kurz, Art. Wassersucht, in: Karl-Heinz Leven (Hg.), Antike Medizin. Ein Lexikon, München 2005, Sp. 914f.; Willi Braun, Feasting and Social Rhetoric in Luke 14 (MSSNTS 85), Cambridge u.a. 1995, 30–38.

109 | Vgl. im Folgenden fast wörtlich Markus Schiefer Ferrari, (Un)gestörte Lektüre von Lk 14,12–14. Deutung, Differenz und Disability, in: Wolfgang Grünstäudl/ders. (Hg.), Gestörte Lektüre. Disability als Leitkategorie biblischer Exegese (Behinderung – Theologie – Kirche 4), Stuttgart 2012, 13–47, 17–35.

110 | Gerhard Hotze zu Lk 14,1.7–14 (http://www.perikopen.de/Lesejahr_C/22_iJ_C_Lk 14_7-14_Hotze.pdf [03.10.2016]); vgl. auch ders., Jesus als Gast. Studien zu einem christologischen Leitmotiv im Lukasevangelium (FzB 111), Würzburg 2007, 214–260.

111 | Bovon, Evangelium, 483.

112 | Martin Ebner, Symposion und Wassersucht, Reziprozitätsdenken und Umkehr. Sozialgeschichte und Theologie in Lk 14,1–24, in: David C. Bienert/Joachim Jeska/Thomas Witulski (Hg.), Paulus und die antike Welt. Beiträge zur zeit- und religionsgeschichtlichen Erforschung des paulinischen Christentums. FS Dietrich-Alex Koch (FRLANT 222), Göttingen 2008, 115–135, 116.

113 | Hermann-Josef Venetz, »Und du wirst selig sein ...«. Kritische Beobachtungen zu Lk 14,14, in: Dieter Böhler/Innocent Himbaza/Philippe Hugo (Hg.), L'Ecrit et l'Esprit. Etudes d'histoire du texte et de théologie biblique. FS Adrian Schenker (OBO 214), Fribourg 2005, 394–409, 407–409.

114 | Ebner, Symposion und Wassersucht, 117.

115 | Michael Wolter, Das Lukasevangelium (HNT 5), Tübingen 2008, 512; Luise Schottroff, Von der Schwierigkeit zu teilen (Das große Abendmahl). Lk 14,12–24 (EvThom 64), in: Ruben Zimmermann u.a. (Hg.), Kompendium der Gleichnisse Jesu, Gütersloh 2007, 593–603, 597; Gerhard Schneider, Das Evangelium nach Lukas. Kapitel 11–24 (ÖTBK 3/2), Gütersloh/Würzburg [2]1984, 315.318; Joachim Jeremias, Die Gleichnisse Jesu, Göttingen [8]1970, 177.

116 | Vgl. James Metzger, Disability and the Marginalisation of God in the Parable of the Snubbed Host (Luke 14.15–24), in: The Bible and Critical Theory 6 (2010), 1–15, 6–9.

117 | Hans Klein, Das Lukasevangelium (KEK 1/3), Göttingen 2006, 495–510, 501.

118 | Wilhelm, Wer heilt hier wen, 11.

119 | Dorothee Wilhelm, »Normal« werden – war's das? Kritik biblischer Heilungsgeschichten, in: BiKi 61 (2006), 103–105, 104f.

120 | Susanne Krahe, Sonderanfertigung oder Montagsmodell. Behinderte Menschen in der Bibel, in: INFO. Informationen für Religionslehrerinnen und Religionslehrer Bistum Limburg 3 (2002), 162–171, 167 (= dies., Sonderanfertigung oder Montagsmodell. Behinderte Menschen in der Bibel, in: Gottfried Lutz/Veronika Zippert [Hg.], Grenzen in einem weiten Raum. Theologie und Behinderung. Eine Publikation des »Konvents von behinderten SeelsorgerInnen und BehindertenseelsorgerInnen e.V.« [kbS], Leipzig 2007, 33–52, 44).

121 | Vgl. Bendemann, Krankheit, 183; Ebner, Symposion, 128f.134; Klein, Lukasevangelium, 498; Michael Wolter, Das Lukasevangelium (HNT 5), Tübingen 2008, 499–514, 501f.; Braun, Feasting, 38–42.

122 | Bendemann, Krankheit, 183; Bovon, Evangelium, 472f.

123 | Vgl. Metzger, Disability, 4.

124 | Adolf Jülicher, Die Gleichnisreden Jesu. Bd. 1, Freiburg u.a. 1910, 416f.

125 | Ebd.

126 | Jeremias, Gleichnisse, 61f.

127 | Wolter, Lukasevangelium, 509.

128 | Luise Schottroff, Das Gleichnis vom großen Gastmahl in der Logienquelle, in: EvTh 47 (1987), 192–211, 204; vgl. dies., Die Gleichnisse Jesu, Gürtersloh [2]2007, 76f.

129 | Wolter, Lukasevangelium, 509.

130 | Vgl. Erving Goffman, Stigma. Über Techniken der Bewältigung beschädigter Identität (stw 140), Frankfurt 1975.

131 | Vgl. aaO., 9–14.

132 | Bovon, Evangelium, 493.

133 | Jeremias, Gleichnisse, 179.

134 | Wilhelm, »Normal« werden, 103.

135 | Zur Ambivalenz der Ästhetisierung von Behinderung und kontroversen Diskussion innerhalb der Disability Studies vgl. Markus Dederich, Gesellschaftliche Dimensionen von Ästhetisierung und Behinderung, in: Urs Strasser u.a. (Hg.), Ästhetisierung der Sonderpädagogik. Arbeitstagung der Sektion Sonderpädagogik der Deutschen Gesellschaft für Erziehungswissenschaft (DGfE), Bad Heilbrunn 2009, 15–28, 25–27.

136 | Andreas Mehl, Behinderte in der antiken griechischen Gesellschaft, in: Max Liedtke (Hg.), Behinderung als pädagogische und politische Herausforderung. Historische und systematische Aspekte (Schriftenreihe zum Bayerischen Schulmuseum Ichenhausen 14), Bad Heilbrunn 1996, 119–135, 127.

137 | Kollmann, Neutestamentliche Wundergeschichten, 68.

138 | Vgl. Pauline A. Otieno, Biblical and Theological Perspectives on Disability. Implications on the Rights of Persons with Disability in Kenya, in: Disability Studies Quarterly 29 (2009) (http://dsq-sds.org/article/view/988/1164 [20.10.2016]).

139 | Ulrich Bach, Wie predige ich Heilungsgeschichten? Korrekturprogramm für Auslegungen biblischer Texte, in: DtPfrBl 97 (1997), 294–296 (http://www.ulrich-bach.de/html/heilungsgeschichten.html [20.10.2016]).

140 | Ulrich Bach, Ohne die Schwächsten ist die Kirche nicht ganz. Bausteine einer Theologie nach Hadamar, Neukirchen-Vluyn 2006, 300–305, 300.

141 | Vgl. im Folgenden Schiefer Ferrari, (Un)gestörte Lektüre von Lk 14,12–14, 35f.

6. Kapitel

142 | Markus Dederich, Körper, Kultur und Behinderung. Eine Einführung in die Disability Studies (Disability Studies, Körper-Macht-Differenz 2), Bielefeld 2007, 175f.

143 | AaO., 181.

144 | Vgl. im Folgenden vor allem Markus Schiefer Ferrari/Valeria Ferrari Schiefer, La Chiesa – il corpo infranto. Un dialogo tra teologia, Dis/ability Studies e Infermieristica partendo da 1Cor 11,27–34, in: Calogero Caltagirone/Gianluigi Pasquale (Hg.), Ecclesiologia dal Vaticano II. Studi in onore di Cettina Militello, 2 Bände, Venedig 2016, 843–867, 856f.; Markus Schiefer Ferrari, Gestörte Lektüre. Dis/abilitykritische Hermeneutik biblischer Heilungserzählungen am Beispiel von Mk 2,1–12, in: Bernd Kollmann/Ruben Zimmermann (Hg.), Hermeneutik der frühchristlichen Wundererzählungen. Geschichtliche, literarische und rezeptionsorientierte Perspektiven (WUNT 339), Tübingen 2014, 627–646, 629–631; ders., (Un)gestörte Lektüre von Lk 14,12–14. Deutung, Differenz und Disability, in: Wolfgang Grünstäudl/ders. (Hg.), Gestörte Lektüre. Disability als Leitkategorie biblischer Exegese (Behinderung – Theologie – Kirche 4), Stuttgart 2012, 13–47, 36–41.

145 | Vgl. Elsbeth Bösl, Dis/ability History. Grundlagen und Forschungsstand, in: H-Soz-u-Kult 07.07.2009, 1–37, Zusammenfassung (http://hsozkult.geschichte.hu-berlin.de/forum/2009-07-001.pdf [11.01.2017]).

146 | Vgl. Anne Waldschmidt, »Behinderung« neu denken. Kulturwissenschaftliche Perspektiven der Disability Studies, in: dies. (Hg.), Kulturwissenschaftliche Perspektiven der Disability Studies. Tagungsdokumentation, Kassel 2003, 11–22.

147 | Anne Waldschmidt, Warum und wozu brauchen Disability Studies die Disability History? Programmatische Überlegungen, in: Elsbeth Bösl/Anne Klein/dies. (Hg.), Disability History. Konstruktionen von Behinderung in der Geschichte, eine Einführung (Disability Studies 6), Bielefeld 2010, 13–27, 14.

148 | Vgl. Dederich, Körper, Kultur und Behinderung, 28f.; Waldschmidt, »Behinderung« neu denken, 16.

149 | Vgl. Dederich, Körper, Kultur und Behinderung, 29.

150 | AaO., 20.

151 | Elsbeth Bösl, Politiken der Normalisierung. Zur Geschichte der Behindertenpolitik in der Bundesrepublik Deutschland (Disability Studies 4), Bielefeld 2009, 19f.

152 | Waldschmidt, Warum und wozu brauchen Disability Studies, 14.

153 | AaO., 20.

154 | Vgl. Bösl, Dis/ability History, 1.

155 | AaO., 3f.

156 | AaO., 8.

157 | AaO., 17.

158 | Ebd.

159 | Vgl. im Folgenden fast wörtlich Schiefer Ferrari, (Un)gestörte Lektüre, 41f.

160 | Vgl. David T. Mitchell/Sharon L. Snyder, Narrative Prosthesis. Disability and the Dependencies of Discourse (Corporealities), Ann Arbor 2000, die sich vor allem mit der europäischen und amerikanischen Literatur des 18. und 19. Jahrhunderts auseinandersetzen.

161 | Dederich, Körper, Kultur und Behinderung, 109.

162 | Ebd.

163 | AaO., 110.

164 | AaO., 110f.; vgl. Mitchell/Snyder, Narrative Prosthesis, 47.

165 | Vgl. Dederich, Körper, Kultur und Behinderung, 115.

166 | Vgl. aaO., 119ff.
167 | Vgl. aaO., 115.
168 | Mitchell/Snyder, Narrative Prosthesis, 6–10.
169 | Dederich, Körper, Kultur und Behinderung, 118f.
170 | AaO., 123.
171 | Vgl. im Folgenden Schiefer Ferrari/Ferrari Schiefer, La Chiesa – il corpo infranto, 858f.
172 | Davis, Lennard J., Bending over backwards. Disability, dismodernism, and other difficult positions (Cultural front), New York/London 2002, 9–32, 26–32.
173 | Zitiert nach Dederich, Körper, Kultur und Behinderung,184; vgl. Davis, Bending over backwards, 26f.: »The dismodern era ushers in the concept that difference is what all of us have in common. That identity is not fixed but malleable. That technology is not separate but part of the body. That dependence, not individual independence, is the rule. There is no single clockmaker, who made the uniform clock of the human body. The watchword of dismodernism could be: Form follows dysfunction.«
174 | Vgl. Davis, Bending over backwards, 27–29.
175 | Dederich, Körper, Kultur und Behinderung, 186f.
176 | AaO., 187.
177 | AaO., 188; vgl. Davis, Bending over backwards, 30.

178 | Vgl. Dederich, Körper, Kultur und Behinderung, 188.
179 | Dieter Gröschke, Das Allgemeine im Speziellen. Heilpädagogik als spezielle Bildungswissenschaft der Lebensalter. Ein Entwurf auf Zukunft, in: Heinrich Greving/Petr Ondracek (Hg.), Spezielle Heilpädagogik. Eine Einführung in die handlungsfeldorientierte Heilpädagogik (Praxis Heilpädagogik/Grundlagen), Stuttgart 2009, 237–260, 255–257.
180 | Dieter Gröschke, Leiblichkeit und Zwischenleiblichkeit – Grund heilpädagogischer Ethik und Grenze menschlicher Machbarkeit, in: Heinrich Greving (Red.), Heilpädagogik an den Grenzen, hg. vom Fachbereichstag Heilpädagogik (Jahrbuch Heilpädagogik 2), Freiburg 2002, 22–36, 25.
181 | Ebd.
182 | Ebd.; vgl. auch Ulf Liedke, Menschenbilder und Bilderverbot. Eine Studie zum anthropologischen Diskurs in der Behindertenpädagogik, Bad Heilbrunn 2013, 85–114, 98–100.
183 | Vgl. Dieter Gröschke, Heilpädagogisches Handeln. Eine Pragmatik der Heilpädagogik, Bad Heilbrunn 2008, 247–251; Liedke, Menschenbilder und Bilderverbot, 98–100.
184 | Vgl. zum folgenden Abschnitt Schiefer Ferrari/Ferrari Schiefer, La Chiesa – il corpo infranto, 860–864.
185 | Vgl. Corine Pelluchon, La vieillesse et l'amour du monde, in: Esprit 7 (2010), 171–180, 175; Valeria Ferrari Schiefer, Die Würde des Menschen im vierten Lebensalter – Ein notwendiger Perspektivenwechsel aus der Sicht der Pflege, in: Torsten Meireis (Hg.), Altern in Würde. Das Konzept der Würde im vierten Lebensalter, Zürich 2013, 77–97, 90.

7. Kapitel

186 | Hans-Georg Schmidt (Hg.), In der Schwäche ist Kraft. Behinderte Menschen im Alten und Neuen Testament, ein Kompendium biblischer Aussagen über behinderte Menschen, Hamburg 1979.
187 | Hans-Georg Schmidt, Vorwort, in: ders. (Hg.), In der Schwäche ist Kraft. Behinderte Menschen im Alten und Neuen Testament, ein Kompendium biblischer Aussagen über behinderte Menschen, Hamburg 1979, 9–13, 9.
188 | Jeremy Schipper, Disability Studies and the Hebrew Bible. Figuring Mephibosheth in the David Story (LHB/OTS 441), New York/London 2006.
189 | Hans-Georg Schmidt, Geleitwort, in: ders. (Hg.), In der Schwäche ist Kraft. Behinderte Menschen im Alten und Neuen Testament, ein Kompendium biblischer Aussagen über behinderte Menschen, Hamburg 1979, 7. Die hinter dem Titel stehende Aussage des Paulus in 2 Kor 12,9 (»Meine Gnade genügt dir; denn die Kraft wird in der Schwachheit vollendet.«) wird uns selbstverständlich später (vgl. Kapitel 8) noch ausführlicher beschäftigen.
190 | Schmidt, Vorwort, 11.
191 | Hans-Georg Schmidt, Samuelis-, Königs- und Chronikbücher, in: ders. (Hg.), In der Schwäche ist Kraft. Behinderte Menschen im Alten und Neuen Testament, ein Kompendium biblischer Aussagen über behinderte Menschen, Hamburg 1979, 45–53, 46.

192 | AaO., 52.

193 | Ebd.; vgl. Hans Walter Wolff, Anthropologie des Alten Testaments, München 1973, 68–95 (mit zwei Anhängen neu hg. v. Bernd Janowski, Gütersloh 2010, 75–101). Das Stichwort Behinderung oder die Gestalt des gelähmten Mefi-Boschet werden weder in der Original- noch in der Neuausgabe behandelt; vgl. ebenso Christian Frevel (Hg.), Biblische Anthropologie. Neue Einsichten aus dem Alten Testament (QD 237), Freiburg 2010.

194 | Schmidt, Samuelis-, Königs- und Chronikbücher, 50.

195 | Vgl. aaO., 49.

196 | AaO., 47.

197 | AaO., 51.

198 | AaO., 52.

199 | AaO., 52f.

200 | Vgl. Manfred Oeming, »Auge wurde ich dem Blinden, und Fuß dem Lahmen war ich!« (Hi 29,15). Zum theologischen Umgang mit Behinderung im Alten Testament, in: Johannes Eurich/Andreas Lob-Hüdepohl (Hg.), Inklusive Kirche (Behinderung – Theologie – Kirche 1), Stuttgart 2011, 81–100, 91.

201 | Vgl. Schipper, Disability Studies and the Hebrew Bible, 129.

202 | Zur kontroversen Diskussion der These eines deuteronomistischen Geschichtswerks als Zusammenhang von Dtn – 2Kön vgl. z.B. Simone Paganini, Art. Deuteronomistisches Geschichtswerk (DtrG), in: WibiLex (http://www.bibelwissenschaft.de/stichwort/10678/ [12.02.17]).

203 | Vgl. Schipper, Disability Studies and the Hebrew Bible, 130.

204 | Vgl. aaO., 121–128.

205 | Vgl. aaO., 27f.

206 | Vgl. Stefan Seiler, Art. Merib-Baal / Mefi-Boschet, in: WibiLex (http://www.bibelwissenschaft.de/stichwort/26989/ [12.02.17]). Zu einer möglichen Gleichsetzung der beiden Gestalten vgl. Timo Veijola, David und Meribaal, in: RB 85 (1978), 338–361 (= in: ders., David. Gesammelte Studien zu den Davidüberlieferungen des Alten Testaments [SESJ 52], Helsinki/Göttingen 1990, 58–83).

207 | Vgl. Stefan Seiler, Art. Thronfolgegeschichte, in: WibiLex (http://www.bibelwissenschaft.de/stichwort/12051/ [12.02.17]).

208 | Vgl. Seiler, Merib-Baal / Mefi-Boschet.

209 | Schipper, Disability Studies and the Hebrew Bible, 98f.

210 | Vgl. ebd.

211 | Vgl. zur sogenannten Aufstiegserzählung (1 Sam 16,14–2 Sam 5,10) Stefan Seiler, Art. Aufstiegserzählung, in: WibiLex (http://www.bibelwissenschaft.de/stichwort/11440/ [07.01.17]).

212 | Vgl. Schipper, Disability Studies and the Hebrew Bible, 89f.

213 | Vgl. aaO., 90; vgl. im Folgenden auch Jeremy Schipper, Reconsidering the Imagery of Disability in 2 Samuel 5:8b, in: CBQ 67 (2005), 422–434.

214 | Vgl. Schipper, Disability Studies and the Hebrew Bible, 91.

215 | Vgl. Uta Schmidt, Art. Michal, in: WibiLex (http://www.bibelwissenschaft.de/stichwort/27673/ [12.01.17]).

216 | Auch wenn die Ursache für die Kinderlosigkeit Michals in 2 Sam 6,23 offen bleibt, plädiert Schipper auch aufgrund biblischer und außerbiblischer Vergleichstexte dafür, von einer Unfruchtbarkeit im Sinne einer Behinderung auszugehen. Dagegen Schmidt, Michal: »Diese Nachricht wird ohne Übergang angefügt, so dass es der Leserin / dem Leser überlassen bleibt, zu entscheiden, ob und wie dies mit der Erzählung zusammenhängt: ob David nach dieser Auseinandersetzung nicht mehr mit Michal schläft, Michal sich von da an David verweigert [...] oder Gott der Grund dafür ist, dass sie keine Kinder bekommt (vgl. Gen 16,1; Gen 29,31; 1Sam 1,5; im Unterschied zu Michal lässt Gott diese Frauen aber später Kinder bekommen).«

217 | Vgl. Schipper, Disability Studies and the Hebrew Bible, 93–96.

218 | Vgl. aaO., 97.

219 | Vgl. aaO., 99.

220 | Vgl. aaO., 100–116.

221 | Vgl. aaO., 116–123.

222 | Vgl. aaO., 124–130.

8. Kapitel

223 | Vgl. im Folgenden vor allem Markus Schiefer Ferrari/Valeria Ferrari Schiefer, La Chiesa – il corpo infranto. Un dialogo tra teologia, Dis/ability Studies e Infermieristica partendo da 1Cor 11,27–34, in: Calogero Caltagirone/Gianluigi Pasquale (Hg.), Ecclesiologia dal Vaticano II. Studi in onore di Cettina Militello, 2 Bände, Venedig 2016, 843–867, 843f.

224 | Übersetzung http://www.vatican.va/archive/hist_councils/ii_vatican_council/documents/vat-ii_const_19641121_lumen-gentium_ge.html (16.01.2017).

225 | Vgl. z.B. Georg Kraus, Die Kirche – Gemeinschaft des Heils. Ekklesiologie im Geist des Zweiten Vatikanischen Konzils, Regensburg 2012, 161–174; Thomas Söding, Umkehr der Kirche. Wegweiser im Neuen Testament, Freiburg/Basel/Wien 2014, 47f.

226 | Vgl. Sebastian Schneider, Glaubensmängel in Korinth. Eine neue Deutung der ›Schwachen, Kranken, Schlafenden‹ in 1 Kor 11,30, in: Norbert Baumert (Hg.), NOMOS und andere Vorarbeiten zur Reihe »Paulus neu gelesen« (FzB 122), Würzburg 2010, 468–484, 469 (= in: FNT [1996], 3–19).

227 | Vgl. im Folgenden Schiefer Ferrari/Ferrari Schiefer, La Chiesa – il corpo infranto, 845–851.

228 | Vgl. Jens Schröter, Das Abendmahl. Frühchristliche Deutungen und Impulse für die Gegenwart (SBS 210), Stuttgart 2006, 34.

229 | Übersetzung von Dieter Zeller, Der erste Brief an die Korinther (KEK 5), Göttingen 2010, 364.

230 | Übersetzung aaO., 336.

231 | Matthias Klinghardt, Gemeindeleib und Mahlritual. Sōma in den paulinischen Mahltexten, in: ZNT 27 (2011), 51–56, 52.

232 | Norbert Baumert, Das paulinische Wortspiel mit κριν-, in: ders. (Hg.), NOMOS und andere Vorarbeiten zur Reihe »Paulus neu gelesen« (FzB 122), Würzburg 2010, 279–316, 315 (= in: FNT 15 [2002], 19–64).

233 | Vgl. aaO., 315 Anm. 40.

234 | Vgl. Gregor Etzelmüller/Annette Weissenrieder, Der achtsame Umgang mit dem Leib. Abendmahl mit Menschen mit Behinderung, in: Evangelische Landeskirche in Württemberg u.a. (Hg.), Christliche Spiritualität gemeinsam leben und feiern. Praxisbuch zur inklusiven Arbeit in Diakonie und Gemeinde, Stuttgart 2007, 244–249, 246.

235 | Vgl. z.B. Wolfgang Schrage, Der erste Brief an die Korinther. Teilband 3. 1 Kor 11,17–14,40 (EKK 7/3), Zürich u.a. 1999, 52–54.

236 | Vgl. Stefan Schreiber, Das Herrenmahl als Spiegel der Gemeinde. Die Kritik des Paulus in 1 Kor 11,17–34 in ihrer Zeit, in: Josip Gregur/Peter Hofmann/ders. (Hg.), Kirchlichkeit und Eucharistie. Intradisziplinäre Beiträge der Theologie im Anschluss an 1 Kor 11,17-34, Regensburg 2013, 17–33.

237 | Vgl. Schneider, Glaubensmängel in Korinth; Baumert, Das paulinische Wortspiel, 315; Ilaria L.E. Ramelli, Spiritual Weakness, Illness, and Death in 1 Corinthians 11:30, in: JBL 130 (2011), 145–163.

238 | Vgl. z.B. Schrage, Der erste Brief an die Korinther, 54; Schröter, Abendmahl, 37.

239 | Etzelmüller/Weissenrieder, Der achtsame Umgang, 245.

240 | Vgl. Schreiber, Herrenmahl, 29.

241 | Martin Ebner, Identitätsstiftende Kraft und gesellschaftlicher Anspruch des Herrenmahls. Thesen aus exegetischer Sicht, in: ders. (Hg.), Herrenmahl und Gruppenidentität (QD 221), Freiburg 2007, 284–291, 285.

242 | Schneider, Glaubensmängel in Korinth, 470.

243 | Andreas Lob-Hüdepohl, Die Wertschätzung des Imperfekten. Einwendungen zu Gewissheitsannahmen der Biopolitik im Umgang mit Behinderung, in: IKaZ Communio 31 (2002), 513–524.

244 | Vgl. John M. Hull, The Broken Body in a Broken World. A Contribution to a Christian Doctrine of the Person from a Disabled Point of View, in: Journal of Religion, Disability and Health 7 (2003), 5–23; in deutscher Übersetzung: Der gebrochene Körper in einer zerbrochenen Welt. Ein Beitrag zu einer christlichen Lehre der Person aus der Sicht eines Menschen mit Behinderung, in: Gottfried Lutz/Veronika Zippert (Hg.), Grenzen in einem weiten Raum. Theologie und Behinderung. Eine Publikation des »Konvents von behinderten SeelsorgerInnen und BehindertenseelsorgerInnen e.V.« (kbS), Leipzig 2007, 53–73. Vgl. im Folgenden Markus Schiefer Ferrari, Der gebrochene Leib. Behinderung und Abendmahl aus bibel-theologischer Sicht, in: Johannes Eurich/Andreas Lob-Hüdepohl (Hg.), Behinderung – Profile inklusiver Theologie, Diakonie und Kirche (Behinderung – Theologie – Kirche 7), Stuttgart 2014, 127–147, 128–131, und Schiefer Ferrari/Ferrari Schiefer, La Chiesa – il corpo infranto, 851–856.

245 | Vgl. Manfred L. Pirner, John M. Hull – Pionier einer Religionspädagogik im Pluralismus, in: Horst F. Rupp/Reinhard Wunderlich/ders. (Hg.), Denk-Würdige Stationen der Religionspädagogik. FS Rainer Lachmann, Jena 2005, 443–461, 445; John M. Hull, Im Dunkeln sehen. Erfahrungen eines Blinden, München 1992; ders., In the Beginning There was Darkness. A Blind Person's Conversations With the Bible, London 2001.

246 | Vgl. Hull, Der gebrochene Körper in einer zerbrochenen Welt, 62f.

247 | AaO., 64.

248 | Vgl. aaO., 64–66.

249 | Vgl. aaO., 68f.

250 | AaO., 72.

251 | Ebd.

252 | Vgl. z.B. Andrea Bieler, Real Bodies at the Meal, in: Jürgen Ebach u.a. (Hg.), »Dies ist mein Leib«. Leibliches, Leibeigenes und Leibhaftiges bei Gott und den Menschen (Jabboq 6), 2006, 81–90; dies./Luise Schottroff, Das Abendmahl. Essen, um zu leben, Gütersloh 2007, 179–199. Bieler konfrontiert dezidiert aktuelle Körpererfahrungen und »Körperrealitäten« der MahlteilnehmerInnen mit dem paulinischen Abendmahlsverständnis: »Wir kommen zum Tisch des Messias als alternde und behinderte Körper, deren innere Befindlichkeit und äußere Erscheinung sich ständig verändert. Wir kommen als sterbende, als schwangere Körper, als Körper, die von Krebszellen attackiert werden, als Körper, die HIV-infiziert sind.« (Abendmahl, 187) »Wenn die Deuteworte Jesu wiederholt werden, dann geschieht durch die Verwandlung der Mahlgemeinschaft das große Wunder. Jesu Leib ist gegenwärtig, der gefolterte und der auferstandene. Die Mahlgemeinschaft ist Jesu Leib. […] Jesus wurde Opfer der Gewalt unter Menschen. Die Mahlgemeinschaft steht nicht in sicherer Entfernung von dieser Gewalt. Sie ist bedroht, wie Jesus es war. Aber diese Gewalt verliert ihre Legitimation. Die Glaubenden sind ihr nicht mehr hörig. Die Gewalt wird bekämpfbar« (Abendmahl, 199).

253 | Vgl. Schiefer Ferrari, Der gebrochene Leib, 131–140.

254 | Vgl. Markus Schiefer Ferrari, Die Sprache des Leids in den paulinischen Peristasenkatalogen (SBB 23), Stuttgart 1991.

255 | Hull, Der gebrochene Körper, 72.

256 | Sekretariat der Deutschen Bischofskonferenz (Hg.), unBehindert Leben und Glauben teilen. Wort der deutschen Bischöfe zur Situation der Menschen mit Behinderungen (Die Deutschen Bischöfe 70), Bonn 2003, 3.11.14f.18f.

257 | Simone Bell-D'Avis, Grußwort, in: Markus Schiefer Ferrari/Wolfgang Grünstäudl (Hg.), Gestörte Lektüre. Disability als Leitkategorie biblischer Exegese (Behinderung – Theologie – Kirche 4), Stuttgart 2012, 11f.; vgl. dies., Inklusive Bildung – Theologische Aspekte, in: Kirche und Schule 39 (2012), 3–7, 6f.

258 | Anne Waldschmidt, Disability Studies: Individuelles, soziales und/oder kulturelles Modell von Behinderung, in: Psychologie & Gesellschaftskritik 29 (2005), 9–31, 27.

259 | Ulrich Bach, Ohne die Schwächsten ist die Kirche nicht ganz. Bausteine einer Theologie nach Hadamar, Neukirchen-Vluyn 2006.

9. Kapitel

260 | Vgl. im Folgenden Markus Schiefer Ferrari, Status und Statur. Darstellung und Deutung Heil(ung) Suchender auf stadtrömischen Sarkophagen des 3. und 4. Jahrhunderts n.Chr., in: Wolfgang Grünstäudl/ders./Judith Distelrath (Hg.), Verzwecktes Heil? Studien zur Rezeption neutestamentlicher Heilungserzählungen (BToSt 30), Leuven u.a. 2017, 163–213.

261 | Vgl. z.B. Reiner Sörries, Spätantike und frühchristliche Kunst. Eine Einführung in die Christliche Archäologie (UTB 3521), Köln/Weimar/Wien 2013, 74.109.

262 | Vgl. Josef Engemann, Biblische Themen im Bereich der frühchristlichen Kunst, in: Georg Schöllgen/Clemens Scholten (Hg.), Stimuli. Exegese und ihre Hermeneutik in Antike und Christentum, FS Ernst Dassmann (JAC.E 23), Münster 1996, 543–556, 554f.

263 | Vgl. Josef Engemann, Art. Bedeutungsgröße (Bedeutungsmaßstab), in: LMA 1 (1980), Sp. 1781f., 1781.

264 | Claudia Nauerth, Heilungswunder in der frühchristlichen Kunst, in: Herbert Beck/Dagmar Stutzinger/Peter Cornelis Bol (Hg.), Spätantike und frühes Christentum. Ausstellung im Liebighaus in Frankfurt am Main, 16. Dezember 1983 bis 11. März 1984, Frankfurt 1983, 339–346, 342.

265 | Heinke Sudhoff, Ikonographische Untersuchungen zur »Blindenheilung« und zum »Blindensturz«. Ein Beitrag zu Pieter Bruegels Neapler Gemälde von 1568, Diss. Bonn 1981, 61f.

266 | Vgl. Josef Engemann, Deutung und Bedeutung frühchristlicher Bildwerke, Darmstadt 1997, 79.

267 | Vgl. aaO., 45–49.

268 | Vgl. David Knipp, »Christus Medicus« in der frühchristlichen Sarkophagskulptur. Ikonographische Studien der Sepulkralkunst des späten vierten Jahrhunderts (SVigChr 37), Leiden/Boston/Köln 1998, 143–150.

269 | Rudolf Bultmann, Die Geschichte der synoptischen Tradition, mit einem Nachwort von Gerd Theißen (FRLANT 29), Göttingen [2]1931(= [10]1995), 223–260 (Wundergeschichten), 234f.

270 | Vgl. aaO., 256f.

271 | Vgl. Ruben Zimmermann, Frühchristliche Wundererzählungen – eine Einführung, in: ders. u.a. (Hg.), Kompendium der frühchristlichen Wundererzählungen Bd. 1. Die Wunder Jesu, Gütersloh 2013, 5–57, 15–18.

272 | Vgl. Knipp, Christus Medicus, 20.

273 | Vgl. Robin M. Jensen, Living Water. Images, Symbols, and Settings of Early Christian Baptism (SVigChr 105), Leiden/Boston 2011, 28f., 166–168.

274 | Vgl. aaO., 147.

275 | Bedeutung und Funktion der *putti* werden in der Literatur unterschiedlich bestimmt; vgl. z.B. Hans Körner, »Wie die Alten sungen ...«. Anmerkungen zur Geschichte des Putto, in: Roland Kanz (Hg.), Das Komische in der Kunst, Köln/Weimar 2007, 59–90, bes. 73; Wilfried Hansmann, Putten. Das Motiv der »Kindlein« in der Kunst, Worms [2]2010, 7–10.17–31.

276 | Vgl. z.B. David Hellholm, Vorgeformte Tauftraditionen und deren Benutzung in den Paulusbriefen, in: ders. u.a. (Hg.), Ablution, Initiation, and Baptism. Late Antiquitiy, Early Judaism, and Early Christianity (BZNW 176/2), Berlin/Boston 2011, 415–456; Oda Wischmeyer, Hermeneutische Aspekte der Taufe im Neuen Testament, in: David Hellholm u.a. (Hg.), Ablution, Initiation, and Baptism. Late Antiquitiy, Early Judaism, and Early Christianity (BZNW 176/2), Berlin/Boston 2011, 735–763, bes. 756–760.

277 | Vgl. Jutta Dresken-Weiland, Bild, Grab und Wort. Untersuchungen zu Jenseitsvorstellungen von Christen des 3. und 4. Jahrhunderts, Regensburg 2010, 250.260.266.

278 | Vgl. Gudrun Guttenberger Ortwein, Status und Statusverzicht im Neuen Testament und seiner Umwelt (NTOA 39), Fribourg/Göttingen 1999, 163–176.322–325.

279 | Vgl. Ruben Zimmermann, Kranke Kinder in Wundererzählungen des frühen Christentums. Sozialgeschichtliche und figurenanalytische Aspekte, in: Mirjam Zimmermann/Constantin Klein/Gerhard Büttner (Hg.), Kind – Krankheit – Religion. Medizinische, psychologische, theologische und religionspädagogische Perspektiven (ThAn 6), Neukirchen-Vluyn 2013, 157–182.

10. Kapitel

280 | Vgl. Ilona Nord, Inklusion als Thema der Praktischen Theologie und Religionspädagogik. Eine Orientierung, in: ThLZ 141 (2016), 1167–1184, 1167–1172.

281 | Vgl. aaO., 1172–1174.

282 | Alexander Weihs, Inklusion im Religionsunterricht. Das Potenzial neutestamentlicher Perspektiven, Akzente und Impulse, in: I&M. Information und Material für den katholischen Religionsunterricht an Grund-, Haupt-/Werkreal-, Real- und Sonderschulen, hg. vom Institut für Religionspädagogik der Erzdiözese Freiburg o.Jg. (2013), Heft 1, 26–31, 27.

283 | Martin Leutzsch, Biblisch-theologische Perspektiven auf Heterogenität, Inklusion und Exklusion, in: Ulf Liedke/Harald Wagner u.a. (Hg.), Inklusion. Lehr- und Arbeitsbuch für professionelles Handeln in Kirche und Gesellschaft, Stuttgart 2016, 54–70, 55; vgl. auch Irmtraud Fischer, Inklusion und Exklusion – Biblische Perspektiven, in: Annebelle Pithan/Agnes Wuckelt/Christoph Beuers (Hg.), »... dass alle eins seien« – Im Spannungsfeld von Exklusion und Inklusion (Forum für Heil- und Religionspädagogik 7), Münster 2013, 9–23.

284 | Vgl. Leutzsch, Biblisch-theologische Perspektiven, 66f.

285 | Lehrplan für die bayerische Grundschule, hg. vom Bayerischen Staatsministerium für Unterricht und Kultus, München 2000, 67.

286 | Ebd.

287 | Ebd.

288 | Vgl. aaO., 56.

289 | LehrplanPLUS Grundschule in Bayern, hg. vom Bayerischen Staatsministerium für Bildung und Kultus, Wissenschaft und Kunst, München 2014, 12.

290 | AaO., 254.

291 | LehrplanPLUS Gymnasium, Fachlehrplan katholische Religionslehre, 6. Jahrgangstufe (voraussichtlich ab Schuljahr 2018/19).

292 | Vgl. z.B. Velthaus-Zimny, Andrea, »Er richtet auf und heilt«. Die Heilung der gekrümmten Frau (Lk 13,10–13), Überlegungen zum Umgang mit Wundererzählungen in der Sek I, in: RU heute 44 (2016) 2, 42–45, bes. 43f. (= in: KatBl 135 [2010], 272–275, 272f.).

293 | Dorothee Wilhelm, Wer heilt hier wen? Und vor allem: wovon? Über biblische Heilungsgeschichten und andere Ärgernisse, in: Schlangenbrut o.Jg. (1998), Heft 62, 10–12, 10.

294 | Ebd.

295 | Brigitte Zeeh-Silva, Arbeitshilfe Religion Grundschule NEU 1./2.Schuljahr, 1. Halbband, hg. v. Hartmut Rupp und Christoph Th. Scheilke, Stuttgart 2009, 116f.

296 | Ulrich Bach, Ohne die Schwächsten ist die Kirche nicht ganz. Bausteine einer Theologie nach Hadamar, Neukirchen-Vluyn 2006, 409.

297 | Vgl. z.B. Matthias Bahr, Störende Ansprache. Disability, das Evangelium und der Religionsunterricht, in: Wolfgang Grünstäudl/Markus Schiefer Ferrari (Hg.), Gestörte Lektüre. Disability als Leitkategorie biblischer Exegese (Behinderung – Theologie – Kirche 4), Stuttgart 2012, 236–253, 242.

298 | Katharina Kammeyer/Janieta Jesuthasan, Wie gehen Kinder mit Behinderungen mit Heilungsgeschichten um? Dis/ability als hermeneutische Leitkategorie für Unterrichtsplanung und -analyse am Beispiel der Bartimäus-Geschichte, in: Mirjam Zimmermann/Constantin Klein/Gerhard Büttner (Hg.), Kind – Krankheit – Religion. Medizinische, psychologische, theologische und religionspädagogische Perspektiven (ThAn 6), Neukirchen-Vluyn 2013, 211–230, 212; vgl. auch Janieta Jesuthasan, »Warum heilt mich dieser Jesus nicht?«. Die Heilung des blinden Bartimäus (Mk 10,46–52) und die Erfahrungswelt sehgeschädigter Schülerinnen und Schüler im Religionsunterricht (http://www.pastoralis.org/IMG/pdf/CITP_Rech_12_Janieta_Jesuthasan.pdf [04.04.17]).

299 | Ebd.; vgl. dazu auch Janieta Bartz, Hoffnung für die Verzagten. Alltagsexegetische Zugänge von Jugendlichen zu biblischen Texten am Beispiel der Heilsweissagung in Jes 35, in: Katharina Kammeyer/Bert Roebben/Britta Baumert (Hg.), Zu Wort kommen. Narration als Zugang zum Thema Inklusion (Behinderung – Theologie – Kirche 9), Stuttgart 2015, 165–181, bes. 175: »Auffallend ist, dass sich ein Viertel der Jugendlichen mit Beeinträchtigung stark von einer Auslegung distanzieren, die eine körperliche Veränderung suggeriert.«

300 | Anne Waldschmidt, Warum und wozu brauchen Disability Studies die Disability History? Programmatische Überlegungen, in: Elsbeth Bösl/Anne Klein/dies. (Hg.), Disability History. Konstruktionen von Behinderung in der Geschichte, eine Einführung (Disability Studies 6), Bielefeld 2010, 13–27, 14.

301 | Vgl. auch im Folgenden Markus Schiefer Ferrari, Biblische Heilungsgeschichten: inklusiv gelesen, in: KatBl 138 (2013), 355–358, 357f. Vgl. auch Karl Matthias Schmidt, Im Kreis der anderen. Heilungserzählungen als Handicap eines inklusiven Religionsunterrichts?, in: RU-heute 41 (2013), Heft 3, 13–17; Renate Kirchhoff, »Das Problem an den Heilungsgeschichten ist, dass die Leute am Ende immer geheilt werden!« »Heilung« als Leitidee für diakonisches Handeln? – Neutestamentliche Heilungsgeschichten und heutige Konstruktion von Behinderung, in: PGP 65 (2012), Heft 4, 33–35

302 | Anita Müller-Friese, Hoffnungsgeschichten. Wunder in der Sonderschule, in: entwurf o.Jg. (2006), Heft 4, 31–35, 32.

303 | Kammeyer/Jesuthasan, Wie gehen Kinder mit Behinderungen mit Heilungsgeschichten um, 218.

11. Kapitel

304 | Gerd Theißen, Polyphones Verstehen. Entwürfe zur Bibelhermeneutik (Beiträge zum Verstehen der Bibel 23), Berlin 2014, 3f.

305 | Susanne Luther/Ruben Zimmermann, Bibelauslegung als Verstehenslehre, in: dies. (Hg.), Studienbuch Hermeneutik. Bibelauslegung durch die Jahrhunderte als als Lernfeld der Textinterpretation, Portraits – Modelle – Quellentexte, Gütersloh 2014, 13–71, 59–64.

306 | Vgl. Ruben Zimmermann, Von der Wut des Wunderverstehens. Grenzen und Chancen einer Hermeneutik der Wundererzählungen, in: Bernd Kollmann/ders. (Hg.), Hermeneutik der frühchristlichen Wundererzählungen. Geschichtliche, literarische und rezeptionsorientierte Perspektiven (WUNT 339), Tübingen 2014, 27–52, 37.

307 | Vgl. z.B. Stefan Alkier/Bernhard Dressler, Wundergeschichten als fremde Welten lesen lernen. Didaktische Überlegungen zu Mk 4,35–41, in: Bernhard Dressler/Michael Meyer Blanck (Hg.), Religion zeigen. Religionspädagogik und Semiotik (Grundlegungen 4), Münster 1998, 163–187; Bernd Kollmann, Neutestamentliche Wundergeschichten. Biblisch-theologische Zugänge und Impulse für die Praxis (Kohlhammer-Urban-Taschenbücher 477), Stuttgart [3]2011, 18.